生命・人間・教育

豊かな生命観を育む教育の創造

松永幸子／三浦正雄［編著］

埼玉学園大学研究叢書 第14巻

明石書店

目　次

序　章──パラダイム変換と人間観・生命観・教育観の変遷 9

　　　　　　　　　　　　　　　　　　　　　　　松永幸子・三浦正雄

第Ⅰ部　理念・思想に関わる理論

第1章　生を養う──「自己（Self）」の誕生と「生命（Life）」の変遷 15

　　　　　　　　　　　　　　　　　　　　　　　　　　　　松永幸子

はじめに　15

第1節　イギリスの自殺・生命論争における「生命（Life）」と「自己（Self）」　18
　1．Self の誕生
　2．自殺・生命把握の医療化──self と life のゆくえ

第2節　「生を養う術（art）」──養生論の原像にみる生（life）　29
　1．小宇宙としての人間と生命──ヒポクラテス
　2．サレルノ養生訓・貝原益軒にみる「生の養い」

おわりに　39

第2章　「思想としての精神世界」の変遷とその生命観・人間観の文学への影響概観 47

　　　　　　　　　　　　　　　　　　　　　　　　　　　　三浦正雄

序　「思想としての精神世界」　47
　第1節　「ニューエイジ」思想から「ニューサイエンス」「精神世界」「スピリチュアリティ」への展開概観　48
　第2節　「ニューエイジ」思想の興隆　50
　第3節　「ニューサイエンス」の日本への輸入と展開　51
　第4節　「ニューエイジ」から「精神世界」「スピリチュアリティ」へ　55
　第5節　「思想としての精神世界」に対する日本の学術での評価史　58
　第6節　「思想としての精神世界」　61
　第7節　海外の精神世界系の文学及び文化の紹介者　63
　第8節　現代文学と「思想としての精神世界」　64
　むすび　67

第3章　持続可能な開発のための教育（ESD）にむけた多文化保育・教育の必要性　73

堀田正央

　はじめに　73
　第1節　キー・コンピテンシー（Key competencies）と「生きる力」　76
　第2節　持続可能な開発のための教育（Education for Sustainable Development: ESD）　80
　第3節　持続可能な開発目標（The new Sustainable Development Goals: SDGs）　84
　第4節　キー・コンピテンシー養成における多文化保育・教育の位置づけと有用性　88
　第5節　持続可能な開発にむけた教育における多文化教育・保育の課題　91
　　1．多文化保育・教育の定義
　　2．保育者・教育者養成における多文化保育・教育の概念構築の必要性
　第6節　多文化保育・教育の課題と今後の可能性　96

第4章　リスク・センスを働かせた「生きる力」を育む.........101

渡邊光雄

第1節　学校教育の理念——人権保障及び福祉　102
1. 単線型公教育制度の理念
2. 教育本来の機能としての人権保障及び福祉

第2節　「国」の「教育権能」に支えられた人権保障及び福祉としての教育と学校教育における「体罰」禁止規定　105
1. 「国」の「教育権能」による学校教育の理念の実効性
2. 人権保障及び福祉としての教育の実効性を支える「体罰」禁止規定

第3節　「星の王子さま」のものごとの捉え方と「トップダウン情報処理」による「生きる力」　109
1. 「おとな」になると失われる「星の王子さま」のものの見方
2. 「危機的状況」の下でも「心のなかの世界」を通して「細部のリアリティー」の事象を捉える「星の王子さま」の「生きる力」
3. 「心のなかの世界」を通して「細部のリアリティー」の事象を捉えることを裏づける「トップダウン情報処理」

第4節　「危機的状況」の下でも「心のなかの世界」を通して「細部のリアリティー」の事象を捉えることのできる「生きる力」の育成　113
1. 専門的業務従事者に必要な「生きる力」の育成
2. 専門的業務従事者に将来成り得る子ども達の「無意図的誤り」への配慮とそれによるリスク・センスを働かせた「生きる力」の育成

第Ⅱ部　制度・実践・設計に関わる理論

第5章　乳幼児研究と愛着理論及び愛着理論に基づいた臨床研究........135

金谷有子

第1節　コミュニケーションの基本構造としての母子相互作用と発達　135
1. 相互交流（インタラクション）の意義

2. 相互作用経験の心理過程とそこから形成されるもの

第2節　情動のコミュニケーションの発達研究とその理論　139
　　1. 情動のコミュニケーションにおける情動の読み取り
　　2. 情動のコミュニケーションと情動の調整

第3節　愛着の理論と愛着の発達研究　143
　　1. 愛着行動システムの理論と研究
　　2. 愛着の質と精神病理との関連性の研究

第4節　愛着研究と臨床　147
　　1. 愛着型と臨床的問題
　　2. 相互作用促進の臨床および愛着理論にもとづいた介入研究

第6章　在宅医療を受ける子どもの発達支援——国連遊びに参加する子どもの権利に基づいて　161

山本智子

第1節　端　緒　161
第2節　先行研究の検討および本稿の目的と方法　163
第3節　結果および考察　165
　　1. 子どもの権利としての遊び
　　2. 子どもの生活における遊びの重要性
　　3. 子どもの権利として遊びが確保されるための環境の条件と課題
　　4. 子どもの権利として遊びを確保するための締約国の義務
　　5. 在宅医療を受ける子どもに子どもの権利として遊びを確保するための条件

第4節　結　論　177

第7章　校庭の巨樹を用いた環境教育が児童・卒業生・教員の意識に及ぼす影響　183

長友大幸

第1節　巨樹と人間との係わりの歴史　183
第2節　巨樹を用いた環境教育の必要性　185

第3節　小学校校庭の巨樹を用いた環境教育　186

1. 各校の概要
2. 巨樹を用いた環境教育受講経験
3. 巨樹を用いた環境教育受講経験と巨樹への評価
4. 巨樹を用いた環境教育受講経験と巨樹への自然接触行動
5. まとめ

第4節　卒業後の意識や行動に影響を与える在学中の巨樹との係わり　196

1. シンボル意識
2. 身近で最も親しみのある木
3. 卒業生の自然接触行動
4. まとめ

第5節　環境教育実践経験に係わる教員の意識　201

1. 各校の概要（S、K小学校は前掲）
2. 巨樹を用いた環境教育の必要性、関心、実践経験
3. 実践経験の有無による教員の意識の比較
4. まとめ

著者紹介　209

序　章──パラダイム変換と人間観・生命観・教育観の変遷

　東日本大震災、熊本地震、テロや紛争、難民の流出、海外での財政危機など、日本、世界は戦後これまでにない様々な問題を抱え変化の時代を迎えているといえる。日本では、戦後71年の今年、オバマ氏がアメリカの現役の大統領として初めて被爆地広島を訪れた。核兵器廃絶に向けた一歩として歴史的な記念すべき日であると各メディアでは取り上げられた。しかし一方で諸外国による核実験がいまだ行われている現実がある。
　20世紀後半から21世紀初頭にかけて、世界情勢や社会全般に様々な行き詰まり、閉塞感が現れ、合理主義、功利主義、進化論、発展史観などの人類の手前勝手なご都合主義的思想には陰りが見られるようになってきた。人類は、省察を余儀なくされたわけである。手前勝手なご都合主義的思想を反省するといっても、人間はよって立つべき価値観がなければ、不安や葛藤にさいなまれる傾向がある。現代は価値観が多様化し、様々な観点が登場することで思考の幅も広がったが、一方では、土台を築き軸足を置く場所さえ不明になってきた感があり、先行き不透明な空気に地球・人類・社会全体が覆われているといっても過言ではないだろう。
　一方で、様々な末期的・危機的状況の打開のために、学際的という言葉で語られるような諸学・諸分野の連携が提唱され、有機的な社会観・世界観が模索されてきた。こうした学際的な諸学の連携、有機的な社会観・世界観を構想し、新たな時代を展望する価値観を創造するうえで、「生命・人間・教育」という観点及び立脚点は、非常に重要であろう。
　現代社会は、生命尊重・人間尊重の原理・原則なくしては、たちゆかない時代である。個を集合体としてのみ見るのではなく、個を個として、その生命や人間性を尊重することを出発点として考えてゆくことによってしか、集合体として人間のより良いあり方は実現できない時代となっている。そして

また、個を尊重することこそが、より輝きを増した有機的な個の集合体としての社会・世界を形成してゆくすべとなるものであろう。
　個を無視、あるいは軽視した功利主義や進歩・発展が、歴史の被害者だけではなく、加害者たちにも間接的に様々な混乱と災厄をもたらし、戦火と荒廃をもたらしてきた。このことへの反省と悔恨からの教訓と学びが、個の尊重、生命と人間の尊重の重要性を大前提とした未来社会の構想を最重要課題としていることは間違いない。
　もちろん世界の人口増加や産業拡大がこのまま推移することにより、人類は、環境の悪化、食糧難、高齢化社会など様々な問題をもかかえるであろうが、それに一見矛盾しているようであっても、個の尊重、生命や人間の尊重というものを大前提にして克服の道を模索する以外には打開できないものであろう。生命尊重・人間尊重は、現代の人類にとって、基本的な価値観としてゆるぎないものであろうし、それを抜きにしては今後の社会・世界の創造的な構想はあり得ないであろう。
　また、教育は、生命・人間にとって欠かすことのできないものである。教育はある意味では権力・制度であり、既存の社会制度・価値観を批判せずに維持する機能がある。しかし、だからといって、教育そのものを廃止することはできないし、どのようにすればその弊害を少しでも除くことができるか、どのようにすればパワーポリティクス的支配に陥らないようにできるか、など学術的な分析・考察や民間の側からの生命観・人間性を重んじた視点が必要となってくる。そのような意味で教育は、つねに人間学的視点から、批判も含め、検証される必要がある。
　生命観や人間性を尊重する教育システムの創造はなかなかの難事業ではあるが、学術や民間の側からのあくなき努力によって、これまでも少しずつでも成果があげられてきているし、今後の進展も期待されるであろう。
　日本は、かつて大正生命主義といわれる生命・人間・教育が尊重された時代と比して、現代はすべての領域にわたって網の目のような些末なルールが張り巡らされて、窒息しそうな空気に覆われ、残念ながら生き生きとした文化や社会を構築することが非常に難しくなってきている。また、極度の管理

序　章――パラダイム変換と人間観・生命観・教育観の変遷

社会となってきており、自由闊達な教育を行うこともままならない。
　多くの人々に実害のあるような反社会的な思想や文化は問題外だが、社会や生活にある程度ののびのびした自由なくしては、「生命・人間・教育」を重んじる新たな文化を創造することは難しい。
　こうした厳しい社会状況の中で、少しでも躍動する生命力を回復し、豊かな人間性を蘇生させ、個性豊かなのびのびした教育を実践するためのささやかな考察や試みを積み重ねてゆくことは、大変ではあるものの意味のあるアプローチに違いない。
　そこでわれわれは人間学部に所属し教育を扱う者として、本書で、「教育」をなす最低の要件である「生命」や「人間」を中心に、理論的、実証的両面からの探究を試みた。二部構成となっており、第Ⅰ部は、生命、人間、教育についての理論的アプローチである。第１章では、「生を養う」を主要命題に、自己（self）と生命（life）が歴史的にどのように変化してきたのか、主にイギリスの生命・自殺論争と養生論の原像を中心に描き出している。近代以降の人間・身体把握と古代からの養生論を比較検討することで、「自己」や人間観・生命観の歴史的変遷を明らかにし、人間の本来の「生」のあり方について再考している。第２章では、神秘主義など霊性に基盤をおく生命観・人間観が、地球規模の社会の閉塞状況から未来を切り開く可能性を期することを概観している。1960年代のニューエイジに始まり、ニューサイエンス、そして精神世界、スピリチュアリティへと展開していったアメリカ発の反合理主義・反物質科学・反アカデミズムの思想・文化運動について、おおまかに展開の流れを追いながら、こうした思想・文化がアカデミズムから異端視され、また、物質科学や合理主義の側から否定的、あるいは批判的に見られてきた点をも俯瞰する一方、アカデミズム諸学における肯定的な動向をも検討した上で、文学におけるその可能性を概観している。
　第３章では、持続可能な開発のための教育推進にむけた多文化保育・教育の現状と問題点、保育者・教育者が差異を認め尊重する意識を共有しながら幼児教育においてどのようなコンピテンシーを養成すべきか、OECDの「コンピテンシーの定義と選択」（DeSeCo）」において定義づけられる「変化」、

「複雑性」、「相互依存」に対応した ESD のための子どもたちのキー・コンピテンシー涵養にむけて、本稿では日本における多文化保育・教育の現状と問題点とともに、持続可能な開発にむけた多文化保育・教育の有用性を示す。

続く第4章では、現代社会の専門的業務従事者に将来成り得る子ども達が育むべき「生きる力」のあり方を論じたものである。リスク・センスを働かせた「生きる力」を育むことがどのようなものであるのかについて、その背景となる人権保障及び福祉に基づく教育のあり方を踏まえて考察し、その問題的や具体策、今後の課題について検討している。

第Ⅱ部は、Ⅰ部の理論を踏まえた制度・実践等にかかわるアプローチである。まず第5章では、乳幼児期の母子を中心とした情動的コミュニケーションと愛着関係の発達を中心に、近年の愛着研究が取り組んでいるテーマと得られた成果、さらに今後の課題を提示する。第6章では、子どもの権利条約との関係に基づいて、在宅医療を受ける病気や障がいのある子どもに遊びを子どもの権利として確保するために、どのような条件を満たせばよいのか。在宅医療を受ける子どもの権利保障を発展させることを目的として、この問いについて検討する。

第7章では、教育現場の環境という点から、巨樹が人間や教育に与える影響を考察し、巨樹を用いた環境教育が現場でより多くの教員に実践されるためにどのようなことを考慮すべきか。地域との関係性も用いて検証している。

以上の研究の成果を、ここに「埼玉学園大学研究叢書」としてまとめた。学長ならびに関係各位、明石書店神野斉様、矢端泰典様に感謝申し上げる。

本書が、上述した生命・人間・社会にまつわる多様な問題の議論に新しい視座を投ずることが出来れば、編者・著者一同、望外の喜びである。

著者を代表して

松永幸子・三浦正雄

第Ⅰ部　理念・思想に関わる理論

第1章 生を養う——「自己 (Self)」の誕生と「生命 (Life)」の変遷

松永 幸子

はじめに

　現在、教育の分野において「生きる力」の育成など、「生命への働きかけ」が重要視され、また、安楽死や自殺の問題など、生命をめぐって多様な議論がなされている。そのさい、主要な論点の一つとして俎上に載せられるのは、生命の自己決定権、所有権の問題である。たとえば小松美彦は、アメリカを例に「死の自己決定権」が、国家権力や家族などとも結びついた「死の義務」を登場させたとして日本の「臓器移植法」制定を批判した。死は死んだ者と死なれた者との関係性の中で成立するとしてこれを「共鳴する死」と名付け、死は個人に属しておらず、個人の所有対象ではない。従って所有によって保障される権利と自由は死に関しては成立しない、すなわち「死の自己決定権」は原理的に成立不可能という論を展開している（小松, 1996, 2000）。また、川本隆史は、立岩真也や最首悟の論を引き合いに出しながら、自己決定権を自己決定権かパターナリズムかという硬直した二元論ではなく、相互の接続による権利や平等あるいは「自己決定」についての再定義が必要であるとしている（川本, 1998, 44-56頁、2000, 15-33頁）。立岩真也は、共鳴する死、という視点から、この文脈においてのみいえば、「死の自己決定権」を肯定はしないにせよ認めざるをえない、という[1]。一方、金森修は、現代科学は、客観性、普遍性、公益性を本質とするはずの古典的科学

観を失い、部分的に逸脱し、変質し始めてしまったとして批判している（金森，2013）。

　そして、生と死の境界線と自己決定権をめぐる議論で顕著な現象の一つは、「自殺」という行為である。自らの生命を自ら絶つ。その決定権は誰にあるのか。M. フーコーは次のようにいう。「死は権力の限界であり、権力の手には捉えられぬ時点である。死は人間存在の最も秘密な点、最も『私的な』点である」（ミシェル・フーコー，1986，175頁）、「自殺が—かつては罪であった、というのも、地上世界の君主であれ彼岸の君主であれ、君主だけが行使する権利のあった死に対する権利を、まさに彼から不当に奪う一つのやり方であったからだが—19世紀に社会学的分析の場に入った最初の行動の一つであったというのは驚くに当たらない。それは、生に対して行使される権力の境界（froniere）にあって、その間隙にあって、死ぬことに対する個人的で私的な権利を出現させたのだ」（ミシェル・フーコー，1986，175-176頁）。これは自殺が権力の限界点に位置する行為であり、それは政治権力によって統治される社会にとって〈最初の驚きの一つ〉（フーコー，1986）であったことを的確に指摘している。

　本稿では、現在まで連綿と続くこの自己決定権と生命との問題に一視座を投じることを目的とし、現在われわれが用いている「自己（self）」なるものがどのように登場したのか。「自己」なるものが誕生し、それとともに「生命（life）」観がどのような変容をとげて来ているのか。これらの一水脈を17・18世紀イギリスの自殺論争における医学論と古来の養生論の対比を中心に炙り出すことを目的とする[2]。

　教育学において、18世紀イギリスの医師の自殺論を中心に取り上げた研究は、管見の限り国内では見当たらない。英語文献においては、マクドナルドとマーフィ『眠りなき魂』において、イギリスにおける自殺を、統計を多用し社会学的見地から歴史的に検証している。その中で自殺論争を取り上げてはいるが、わずか数ページの記述であり、医師の論を具体的に検証していない。

　また、教育学の分野でヒポクラテスの養生論を取り上げている先行研究と

して、寺崎弘昭「養生論の原像とその歴史的射程」（2001）、同「からだとこころといのちの概念史―ひとつの素描」（2007）がある。寺崎は、現代養生法をその語源まで遡り、荘子の論も援用しながら、養生法は、自らのからだを世界と宇宙に開き生の完全性を回復しようとする運動だと位置づけ、エピクロスの「身体の健康と心の平静（アタラクシア）」・「自己充足（アウタルケイア）」の希求に重なりゆくものと位置づけている。齋藤孝は、丹田呼吸法を用いた身体技法や明治時代の「腰肚文化」から、こころとからだを結ぶ橋として身体感覚の技化の重要性を主張している（斎藤，2001）。しかし、具体的な医学論を検討しているわけではない。他に、教育学と養生との関係で貝原益軒『養生論』を分析したものに、高野暁子「延命としての舞・踏の歴史的変遷―貝原益軒養生論を中心に―」（高野，2005）がある。高野は、延命にかかわってきた舞踏が養生法に数えられているのは益軒の養生論が嚆矢であり、それまでとは異なり舞踏は各行為者が中心に据えられる活動になったと論じている。しかし、それを自己（self）と生（life）との関わりの変化で明らかにしているわけではない。養生論と近代の医師たちとの具体的な比較も行われていない。

　そこで本論稿では、主要な医学者たちの論も具体的に検討していく。これらの作業により、現代社会における生命観、自己観の歴史的限定性を抽出するとともに、そもそも生を養う＝「生の技法」とはどのようなものだったのか。養生論の原像に立ち返り、本来の「生を養う技法」を詳らかにしていく試みである。

　17－18世紀イギリスの自殺論争における自殺擁護論と医学論[3]に着目し、自殺論争の柱となった自己概念、そこで展開された自己（self）論とその後の医師たちによる自殺（未遂）者＝患者論を確認したうえで、古代ギリシアから中世ヨーロッパの養生論に立ち返る。この作業により歴史的な自己（self）誕生の過程と連動した本来の「生」の喪失について抉出し、現代の「生きる力」にも結びつくであろう「生を養う」技法を具体的に探究することを試みる。

第1節　イギリスの自殺・生命論争における「生命（Life）」と「自己（Self）」

1. Self の誕生

　現代、自己責任という言葉まで登場し、自己嫌悪、自己分析など、頻繁に用いられている自己（Self）。この言葉はいつ登場したのだろうか。『オックスフォード英語辞典』によれば、再帰代名詞ではなく名詞として、しかも内面的自己としての意味で＜自己（Self）＞が現れるのは、1595年、エドモンド・スペンサー（1552-1599）によるソネット『アモレッティ（Amoretti）』においてである[4]。それまでは、self といえば "your selfe"[5]、"it selfe" といった再帰代名詞としての使用法が主であり、このスペンサーのソネットにおいても、再帰代名詞としての self は散見される。しかし、たしかにスペンサーのソネットにおいて次の詩文が見られるのである。…...and in my selfe, my inward selfe I meane,「そして私自身、つまり、私の内面の自己において」の＜自己（Self）＞である。ここから、スペンサー以前には、所謂現在使用されているような意味での自己（Self）やその意識が明確には存在していなかったということになる。また、スペンサーにおいて初めて使用されたとしても、それがまだメジャーではなかったことは、次のことからも推測出来る。イギリス初の自殺論と目されているジョン・シム『自殺に対抗する生命の保存（*Lifes Preservative against Self-Killing*）』（1637年）には、自己（Self）の記述が見あたらないのだ。そのタイトルがあらわしているように、自殺を防ぐための眼目は、生命（Life）の保存または生活そのものに置かれている。

　生を巡る論争―自殺論争は18世紀フランスでも展開されたが、17－18世紀のイギリスで最も盛んになった。アウグスティヌスにおいては、自殺をせざるを得ない「例外的自殺」が認められていたが、トマス・アクィナスにより自殺は全面的に厳しく禁止され、自殺は「大罪」であるとみなされていた。ゆえに、自殺者は、およそ「自己殺害（felo de se）」の罪で、正式な埋葬が許されず、また財産が没収されることになっていた（松永，2012）。

第 1 章 生を養う——「自己（Self）」の誕生と「生命（Life）」の変遷

　そのような中、17世紀半ば、英国国教会牧師ジョン・ダン（John Donne）による初めての自殺擁護論『ビアタナトス（*Biathanatos*）』（1647年）が著された。生前4千もの作品を遺した著名な文学者ダンの生命の所有権をめぐるこの「自殺論」で「自己」はどのように登場し、また扱われているのだろうか。

　ダンは、一般的に自然法の基盤とされている「自己保存（Selfe-preseruation）」概念を基礎に、その本質は「善への自然な情動と嗜好」にほかならないから、善を信じ希求した自殺であれば自然法に反しているとはいえないと主張している。そして「自己」は自殺行為によって保存される場合もある、とした。このような前書きで始まる本著は、「自殺は決して例外なくただちに罪だというわけではない、という逆説あるいは命題の宣言書。この行為により侵害されると思われている全ての法の本質と範囲の入念な検証を含む」という長い副題を持っていた。歴代の全ての教父、ヒポクラテス、セネカなどの医学者や哲学者等の言葉を引用しつつ、引用につぐ引用で果敢に自殺擁護を試みている。ダンの強い希望により彼の死後出版されたことをみても、当時、自殺を擁護することがどれほどの勇気を必要としたかを容易に察することが出来る。

　ダンの自己（self）への拘りは、彼の造語にも散見される。ダンが著書の副題に使用している Self-homicide という言葉であるが、これはダンによって初めて使用された造語なのである。元々 homicide は故殺 murder とは異なり、正統的殺人（justifiable homicide）あるいは理由ある殺人（excusable homicide）などにも適用されていた。この、ただちにその犯罪性を示すものではなかった homicide と Self を繋ぎ合わせた "Self-homicide" として、それまで使用されて来た有罪性の高い "Self-murder" を使い分ける。ここには、単に「自分を殺す」という物理的な「自分」を超えた「自己」あるいは「自己意識」が明確に存在しているといえる。

　後に、トマス・ホッブズによって意味を変更され、近代市民社会の基礎に据えられ広く知られることになる（T. Hobbes, 1651, pp.91-103）自己保存（self-preservation）も、じつは、この著書におけるダンの造語なのであった。それ

まで、preserve oneself という言葉は存在していたが、これを名詞化した形だ。前述したように、self という語が誕生する前は、再帰代名詞の myself, yourself のみが存在しており、この preserve oneself もその再起代名詞と同じ用法に当たる。ホッブズはこの再帰代名詞から自己 self を切り離し、保存 preserve することで、「自己」について身体それ自体からより独立性を高めていったと考えられる。この自己保存の語はダンにより生命を超えた「自己」を認識して、このとき産み落とされたのだ。

　自己保存は、善への自然な情動と嗜好それ自体を体現するものとして誕生した。そうであるならば、たとえば殉死の場合、身体は消滅しても、殉死への熱望こそが、自己保存なのである。自殺によって「自己」なるものが保存される。このように、善を信じ希求した自殺であれば自然法に反しているとはいえない、とダンは主張する（ibid., p.48）。そして自然法に照らして自殺批判を論破していく。自然のどのような法も、絶対的原理ということはなく、それの基礎に理性を前提としており、その理性は全てにおいて不変ではない。この意味で個人こそが「彼自身の帝王（Emperor of himselfe）」なのである（ibid., p.47）、と主張するのだ。前述したイギリス初の自殺論と目されているシムの自殺論には、self の文字は見当たらず、専ら生命 life とその生への養生が中心となっていた。ダンの主張する生命体を超えた「何物か」が、生命と自己の分水嶺となっていく。

　その後、自己をめぐる議論には、文学者らが続き、論争が激化していく。そこでは、保存されるべき「自己」とは何か、生命の所有権は誰に属するか、をめぐって激しい論争が繰り広げられている（松永, 2012）。自殺擁護論の系譜には、ダンを筆頭に、チャールトン（Walter Charleton, 1619-1707）、ブラウント（Charles Blount, 1654-1693）、ギルドン（Charles Gildon, 1665-1724）、有名な哲学者ヒュームらが名を連ねている。チャールトンは、自己保存の法の完成としての自殺があるとした。更に、ブラウントは、ジョン・ダンの著書を絶賛し、自殺は病死よりも苦しみや悩みが少ないとして、自らは失恋により自殺した。その友人であるギルドンは、このブラウントの死の原因でもある「愛の情念」がいかに美しいか、自殺は正義であり、理性的なも

のであると強調した。愛の情念（Love Passion）を理性に反していると批判する人間は、モラルや正義に欠けているという。また、ギルドンによれば、人間は本来自由であり、自分自身の指揮者である。政治権力からも自由であり、ある政治体制から離れるように、現世から離れる自由がある。

>……全ての人は、アマンザー（Amanzor）がボーデリン（Boabdelin）に言ったように、"I my self am King of Me."（「私こそが私自身の王」）なのである。このように、自殺は犯罪とはほど遠いものなのである [6]。

I am King of Me の中に強調される my self（私自身）。原文では、myself ではなく、my self というふうに self が独立して強調された形となっている。

このような擁護論に対し、国教会牧師を中心に、「生命は誰のものであるか」という、生命の所有権、管理権をめぐっての自殺批判論が繰り広げられた。17世紀後半以降、徐々にそして18世紀には圧倒的に、自殺者の検視において自己殺害（Felo de se）とせずに心神喪失（non compos mentis）と判定する事例が増加していった（MacDonald & murphy, 1990）。自殺批判者においては、自殺はモラル的な狂気とみなされて批判されたが、医師たちにとっては生来的狂気と判断された。検視における医学的な専門的見解の比重の増大とともに自殺の裁判結果が「自己殺害」より「心神喪失」が増加していく事態と相俟って、自殺把握を規定するファクターへとせり上がって来たのは医師たちだった（ibid.）。そこで注目したいのは、医師たちによる自殺論である。医師たちの論に着目することによって、生命とは切り離されたところで誕生した独立した自己が、生命との絡みでどのように変化あるいは収斂されていったのか、現代医学・精神医学に拠る生命観、身体把握が、近代以前と比較していかなる限定性を有しているのかを検討したい。

2. 自殺・生命把握の医療化—self と life のゆくえ

精神医学史上、非常に重要な位置を占めていると評されている医師ジョージ・ケイン（George Cheyne, 1671-1743）は、『イギリス病』を著している [7]。

たとえば石井厚は、この著書は、精神医学史上、どんなに名誉ある地位を与えても与え過ぎることはないとしている（石井，1981，129頁）。当時他国から、イギリスで自殺が蔓延しているかのように思われ（Cheyne, 1734, p.307）、自殺は「イギリス病」だと呼ばれていたことを受けて、この論稿を執筆したという。センサスのない当時、イギリスで自殺者が他国と比して多かったという客観的証拠はなく、自殺についての論争が激しかったために、旅行者から、イギリスでは余程自殺者が多いと誤解されたのではないかと考えられている。これを受けて、ケインは前書きで、「イギリス病」とは外国人や近隣諸国によってイギリスに与えられた不名誉な言葉である、とした。

著書の執筆を手がけた理由として、この（自殺がイギリス病だとされる）不名誉から脱するために、治療法と結合した、もう少し適切で堅固な哲学を提供し、あわせて最近の流行である狂気（Lunacy と Madness）を食い止めるために適切な薬剤が有効である可能性の追求を友人から期待されたからであるとしている（Cheyne, 1734）。

ケインにあって、自殺の増加の原因は、「病気（distemper）」と無神論者の罰当たりな自殺擁護と彼らの弟子たちによるそれの普及、とされた。そこで、この病気＝「神経障害」の予防と治療について詳細に論じ、これまでは魔術や悪魔憑きとされてきた神経病の本質と原因を説明したい、としている。

ケインは、自殺を「神経障害」に由来するものとして捉えており、このケイン『イギリス病』は、自殺を全面的に医学論から病気と断定する目的で著されている。

これまでダンによる「自己」の誕生から自殺擁護者たちが受け継ぎ展開してきた自己実現のための自殺は、ここでは完全に黙殺され、自殺は単なる神経病として語られることになる。ケインは、「哲学者の終わるところ、医者が生まれる（Where the Philosopher ends, there the physician begins.）」（*ibid.*, p.xiv）というのは殆どの場合において真実である、と断言する。

ケインによれば、健康で健全な精気で且つ気質の強い人は、人生におけるさまざまな困難を克服することができるが、神経の弱さやメランコリーなど

第1章　生を養う——「自己（Self）」の誕生と「生命（Life）」の変遷

によって破壊され落胆させられたりすると意気消沈してしまい、子ども以下の弱さになってしまう。このような状態を、彼らに生来備わっているだけの能力で耐えたり、落ち着いたり、我慢したりすることを期待することは出来ず、教育や哲学、宗教は、これらの状態の人々に小さな影響しかもたらすことはなく、それも病気の程度とその人の生まれつきの体格などによるのである。この神経障害は、絶頂期と末期が他に比のないほど最悪なのだとする（*ibid.*, pp.1-3）。

　ケインは、人間の身体と神経との関係を機械になぞらえ、人間の身体はさまざまなチャンネルとパイプから成っている機械であり、魂（Soul）は脳（Brain）の中にあり、全ての神経はそこにあるケースにおさめられているオルガンの鍵盤のようなものである、という。神経は鍵盤と同じく、触れられて、この繊細な主体に音と旋律を運ぶのである（*ibid.*, pp.4-5）。

　このようにケインにおいて、自殺の原因は神経の無秩序に由来するとされており、その論は神経が焦点になっている。だが、そこでは、後に論述する古来の四体液（血液・黄胆汁・黒胆汁・粘液）・四性質（温・冷・乾・湿）論が援用され連関させられていた[8]（*ibid.*, p.520）。ケインにあって神経障害は、身体の置かれた状況と身体の体液論的状態に規定されている。古代ギリシアの医神とされているヒポクラテスは、熱と冷（火と水）の二元論を軸に養生論を体液との関係で展開し、気候地理学的診断を提示したが（ヒポクラテス〔近藤均訳〕1985，203頁）、ケインも、人口密度や気候と神経病との関係を論じ、たとえばロンドンのように人口密度の高い都市ほど、また北部の気候ほど神経病が多い、としている。

　次にケインはその治療法について論述していく。まずケインが強調したのは、食餌療法（Regimen of Diet）である。ケインは、神経障害の治療に効果のあるこれらの養生法が近年全く重視されないことを非難し、古代の治療法、養生術の見直しの重要性を主張する。「古代の養生術（Healing Art）に見られる養生には、今日の食餌療法では既に失われた、全ての病気に対する賢明で素晴らしい実践が見られる。古代が賞賛されるべきは、彼らの治療の方法と規則、原理と自然の法則に従う概念の堅実さにある。ヒポクラテスは健

康と病気の両方に食餌療法を基本とし、彼以前の人間が誰もそれにふれていないことに不満を示していた。ケルスス（Celsus）は、内面的無秩序には養生の規則化を、外的無秩序には薬剤を摘要する、と養生と薬剤処方の中庸を保った。アスクレピアデスも、治療には養生、回復には薬剤を用いること、とした」(*ibid.*, pp.149-153)。このように古代ヒポクラテスの養生術を継承する立場であるケインは、病気の治療として薬剤の開発のみを促進し古代の医術を顧みない近代医学の動向について、「よこしまな化学者たち」は、養生術を無視し、自分たちの名誉のためだけに、薬剤の効果を過大に吹聴してきたにすぎないと厳しく批判している (*ibid.*, p.154)。

　ケインによれば、神経障害が富裕と怠惰による病気であり、奢侈と不摂生により増長されるものであるのならば、節制や禁酒がその治療に必須である。一般的には、柔らかくて軽く、消化しやすい食物が良い (*ibid.*, p.159)。また、苦痛の激しい病気には新鮮な肉と良いワインを薦めている。一般的にはミルクが良い。食生活における油分、塩分、酒の習慣なども、病気の原因となる。北部では強い酒は摂取しても良い。北部の気候は、日光が不十分で空気が湿り物質が湿りがちであるので、南部に比べ、塩分と油分の割合の調整が必要になってくるからである (*ibid.*, pp.169-171)。このようにケインの治療論には、ヒポクラテスの小宇宙としての人体把握とそれに対する食養生法から成っている。

　続いてケインが重視したことは、養生実践の一環としての運動の必要性である。食養生と運動の両方が神経病の治療には必要であるとしている。運動はどのようなものでも良いが、最も良いのは乗馬であり、体内の空気が交換され、全ての器官が自然に活動するためである。次に良いのは馬車に乗ることで、徒歩や狩猟なども良い。大切なのは、身体を動かすとともに、心が楽しめることである。心の楽しみを保つことによって悲しみから自然と解放され、運動がより有効なものになるのである。ケインは、気晴らしを楽しむことにより心を安らかにし、身体が摩損するのを防ぐ (*ibid.*, pp.178-181)、としている。ケインにおいては、心と身体は切り離されたものではなく、相互に連動し深く影響し合う関係にある。そのための食養生や運動なのだ。『イ

第1章 生を養う――「自己（Self）」の誕生と「生命（Life）」の変遷

ギリス病』の「あとがき」にはこう記されている。「節制と空気、運動、食養生、適切な排泄をする身体を維持している限り、生命、健康、快活を保つことが出来、慢性の病気を治すことが出来るというのは不変の真実である。逆の行いは、当然それらを破壊することになるのである」(*ibid.*, p.386)。

医師ケインは、彼が1734年に著した『イギリス病』において、自殺の原因はなによりも病気、いわゆる「神経障害」としていたことが明らかになった。だがそこでは神経病は、ヒポクラテスの体液論的な枠組みを基に語られている。医学論ではあっても養生論を軽んじる当時の化学者たちを戒め、生命や健康の維持のための運動や食餌療法などを含む養生論的性格のものであった。

その後、18世紀になると、リチャード・ブラックモア（Sir Richard Blackmore, 1653-1729）の『憂愁と鬱気、またはヒポコンドリーとヒステリーについての論』（1725年）が出され、この著書が原因で、ヒポコンドリー（心気症・憂鬱症）が自殺の深刻な原因として捉えられるようになった[9]。メランコリーはヒポコンドリーと深く関連づけられるものとなり（石井，前掲書）、それらの自殺との関係が問題となる。ここに、メランコリーと無神論、自殺が一つの直線上で結ばれることになる。

ブラックモアにあって、メランコリーないしヒポコンドリーの原因は、それまでにあった自然界や悪魔といった自然や哲学的、宗教的要因とは切り離されている。メランコリーは、単に血液の変調にもとづく動物精気（animal spirit）の構成の貧弱さや変質が原因とされている。

当時、神経病専門家として有名なロバート・ホイット（Robert Whytt, 1714-1766）。ミシェル・フーコーは、18世紀半ばヒステリーとヒポコンドリーという二種の病気が完全に同一視される過程における登場人物としてホイットを位置づけ、その神経病論について複数回言及している（フーコー『狂気の歴史』参照）。ホイットは、著書『神経病論』（1765年）において、ヒポコンドリーおよびヒステリーと呼ばれる無秩序の症状は神経組織の病気に由来するものとしている。ホイットは神経と身心の相関関係を、主に「共感（sympathy）」と「同意（consent）」という概念を用いて展開していく。神経

には知覚があり全体に通ずる共感がある。そのため身体の各部位間には同意が存在する、という（Robert Whytt, 1765, pp.v-vi）。神経は感覚と運動の力を身体に伝達し、臓器の機能が鈍くなると、無気力やメランコリー、不眠や悪夢という現象が生じる。これらは贅沢な食事、強いワイン、酒などが原因で、空腹時に摂取されると全身にその強さが回ってしまうからである（ibid., pp.3-12）。個々の器官の間にも顕著な共感がある。たとえば、空腹時に好物を見て、唾液が出るのは、胃と唾液腺が目の網膜と共感している証拠であり（ibid., p.42）、悲しみや苛立ちなどは、唾液の分泌物を減らし、欲求を破壊するかもしくは失わせることさえある。これは、急激で強い情念の影響による脳と心臓間で起きる同意なのだという[10]。

　ホイットも、古代医学の二大巨匠であるヒポクラテスとガレノスに言及し、ヒポクラテスらは共感・同意という概念を無視してはいなかったが、その共感的影響力の要因が神経であるとは気づいていなかった、としている。神経が病の原因だとするホイットは、ヒステリーが女性特有の病気であり子宮に原因があるとする子宮因説に反論し、ヒステリーは女性だけではなく男性にも見られ、本来痙攣性で脳、神経系に原因があり、動物精気が病毒に侵されることから起こると指摘したウィリス博士[11]を、彼以前のどんな解剖学者よりも正確に脳と神経について描出している、と評価することになる（Whytt, 1765, pp.37-38）。

　激しいメランコリーなどは下腹部や他の内臓などから血液中の有毒物質が脳に運搬されることによって起こり、突然の悲しみや激しい情念は神経組織が繊細な人に起こる。これがメランコリーを引き起こすのである。この病気にかかった患者（patient）は眠っているとき、自分の胸が圧迫されていると想像する。

　ここではメランコリーを引き起こした人間は「患者」という言葉で表現されている。ホイットにおける神経障害把握は、その原点に全身の神経と胃腸の共感を念頭に置いたものとなっていた。神経障害の治療法として、神経病になりそうな原因を減らすか除去したり、神経過剰や、ヒステリー、心気症を引き起こしそうな偶発的な要因を取り除くまたは矯正することや、身体全

第 1 章　生を養う――「自己 (Self)」の誕生と「生命 (Life)」の変遷

体や、神経に対する特殊な作用によって過敏になりがちな部分の強化が重要だとする (ibid., pp.333-334)。そして最後に、長く続く悲しみ、心の憂鬱による意気消沈やメランコリーの場合には、結局、毎日の運動、旅行や娯楽が有効だとする。ここにおいては既に、ダンの「自己」という言葉は消滅している。

18 世紀末になると、自己、生命、メランコリーはどのようになっていくのであろうか。

最後に医師ウイリアム・ロウレイ (William Rowley, 1742-1806) の論を検討する。ロウレイの著書においては、冒頭から「個々の患者 (every individual patient)」という描写が見られるように (William Rawley, 1788, p.viii)、「患者 (patient)」という言葉が散見される。ホイットが自殺の原因と見られていた神経障害について議論を限定していたのに対し、ロウレイは、より直接的に自殺そのものについて論じていた。自殺は、自己による生命の統治という意味で、自己に深くかかわる事象であるため 18 世紀末の医師の論を検討し、古代の医師ヒポクラテスの論と比較することで、自己や生命・人間把握に有益であるに違いない。

ロウレイはまず、自殺は宗教的、モラル的、政治的見地から見れば犯罪である、とし、それがキリスト教の教義に反しているからであり、社会の構成員を奪うことになり、又、家族、近親者や友人に対する裏切りであると断定している (ibid., p.334)。このように、これまでの自殺批判の論点とされてきたものを一通り簡潔に述べたあとで、ロウレイは、自殺の間接的原因は心の動揺や身体の辛辣さなどの狂気にあるとする。

ロウレイに顕著にみられることは、あらゆる自殺行為が「狂気 (insanity あるいは madness)」・「心神喪失」の範疇に括られることである。ロウレイによれば、生命の破壊を望むときには、その人はもはや正気ではないのは明らかであり、それゆえ自殺をする人はすべて必ず「狂人」だとみなされなければならないのである。もし自殺者が死ぬ前に友人と会ったりして、いかにも理性的な人間のように自分で死の準備をしているように見えるとしても、その人の一部分が「非理性的」であり、それがその人に自殺を促すとしたら、

これは乱心であり狂人の証拠なのである、とする（*ibid.*, pp.333-334）。

　正気の人なら自殺のような悪を認識しているはずである。にもかかわらず自殺する人は「狂気」・「心神喪失」にほかならない。単純な三段論法。18世紀も終わりに近い医師ロウレイの場合、すべての自殺行為がそれ自体「狂気」・「心神喪失」である。そこには、ダンが自殺を擁護するために主張した自己はなく、「狂気の」「患者（patient）」が存在しているのみである。そのため、ロウレイは、自殺を希望する者については、その患者の行動のすべてを監視しなければならない、と声高に叫んでいる（*ibid.*, p.344）。

　こうして、医学論においての自己や生命、身体がどのように把握されてきたかを辿ってきてみると「世俗化（secularization）」（魔術からの解放＝マックス・ヴェーバー）、つまり18世紀初期のケイン以降の生命論が、それまでの魔術的要因から純然たる身体・心理的説明に終始するものとなっていったこと。そのような脱魔術化過程において医学論が哲学・宗教的様相から離脱し[12]、自殺や生命をめぐる言説が医学的領域に包摂されるようになったことなどが見てとれる。メランコリー把握が体液論から神経論に傾斜していくその過程において、ダンら自殺擁護者が主張していた意味での自己論が消滅し、ヒポクラテスなど古来の体液論的把握、養生論的配慮が失われていった。これは生命把握のメディカライゼーションといえるだろう。また、18世紀になると、自殺者や自殺希望者の「自己」は、「狂気」や「患者」という呼称で「治療」の対象とされるようになった。心身に対する投薬等の治療が施され、「寝ずの番」のもとで徹底監視されなければならない。そこでは、四六時中ベッドに拘束してでも、「生かし続けることこそが最善」（Rawley, *op.cit*, p.344）とされている[13]。

　本節で検討したように、自殺が犯罪であると自明視された社会で、ダンらにより主張された自己 self は、単なる生命体を超える何物かであった。しかし、その後の医師たちの論を辿ってみると、そこに、その意味での自己（self）という言葉が登場しない。ダンと文学者ら渾身の自殺擁護部隊にその主要戦力として投入された「自己 self」論が、生命が近代医学の領域に絡めとられていく過程においてかき消され、入れ替わりに採用されたのは、狂気

の「患者 patient」という語だった。この流れは現代に至っているといえるだろう。

そして、生命把握のメディカライゼーションに伴い、もう一つ置き去りにされたものがある。それが「生 (life)」であり、古代医師ヒポクラテス、そして 18 世紀初頭のケインも立ち返る必要があると訴えていた「生を養う」という、いわば「素の生命体」に対する養生論的技法（術）だった。次節では、払拭された生の技法とは、どのようなものだったのか確認したい。

第 2 節 「生を養う術 (art)」── 養生論の原像にみる生 (life)

1. 小宇宙としての人間と生命－ヒポクラテス

では、本来生 life はどう養われるべきなのか。現代の医学者たちにより失われた生について、古代ギリシアの医神と呼ばれ、医学の基盤を培ったヒポクラテスの『養生論』に遡って検討する。前章でみた医師ケインは自殺論において、自殺の原因を神経病としながらも、このヒポクラテスの四体液説や食餌法を尊重する立場をとっていた。ヒポクラテスの論を具体的にみていきたい。

ヒポクラテスは、人間をマクロコスモスに対するミクロコスモス（小宇宙）として捉えている。人体の生理機能や発生のメカニズムを、熱くて乾いている火と冷たくて湿っている水との相互作用によって説明づけ、人間は温（熱）・冷・乾・湿の四要素からなっているとしていた。これはエンペドクレス以来、アリストテレスになって定式化された四つの基本性質である[14]。さらに、人体の自然性をつくるものが粘液・血液・黄胆汁・黒胆汁とした。病気の原因とこれらの体液相互の関係に、季節などの外的な要因を加えて説明しており、これが後世いわゆる「ヒポクラテス医学の体液病理説」の基礎となるもので、ヒポクラテスの後継である著名な医師ガレノスが、すぐれた真作としてこの四体液説を広めたという。ヒポクラテスにあって、最も健康であるのは、この四つの体液がお互いの混和と性能と量の点で適切な状態に

あり最もうまく混ざり合っているときであり、一方、病苦に悩むのは、これらのうちどれかが少な過ぎるか多過ぎるか、それとも体内で遊離して全体と混和していないときなのである（ヒポクラテス，前掲書，960頁）。

　ヒポクラテスの養生論の特徴の一つは、その殆どが食餌法で占められていることだ。

　「健康時の摂生法について」で、ヒポクラテスは、一般の人の食餌法について、次のように論じている。「冬は、食物はできるだけ多目に、飲物はできるだけ少な目にする。飲物はできるだけ水で薄めないブドウ酒、食物はパンにして肉の料理はすべて焼いたものをとるようにし、この季節のあいだは野菜をできるだけ少しにする。こういう食餌をとっていると、体はもっとも乾性でしかも温かであるだろうから」（ヒポクラテス，960頁）。食餌法は具体的で、人間の温・冷・乾・湿に対応している。更に、四季による人間の身体の変化に対応するものとなっている。「春がやってきたら、そのときは飲物は冬よりも多目にして、ブドウ酒はもっと水で薄め、少しずつ飲むようにしなくてはならない。食物は柔らか目のものをとり、量は少な目に、パンはやめて大麦だんごのほうにかえ、同じどうりで焼肉料理は遠ざけ、すべてのものをできるだけ多くとることにより、夏にそなえられるようにするためである。しかし突然にではなく少しずつとることにより変化が大きくならないようにしなくてはならない。夏になったら、軟かい大麦だんごによく水で割った多量のブドウ酒、それに肉料理はすべて煮たものをとる。実際、夏になったら体が冷たくて柔らかくなるようにするために、こういう食餌をとらなければならない……」（ヒポクラテス，975頁）、「食物を消化するのがもっとも難しいのは夏と秋である。もっとも容易なのは冬で、つぎが春である」（ヒポクラテス，520頁）。

　また、ミクロコスモスである人体には、宇宙に遍在する風（プネウマ）が体内風気として吹いていると考えられていた。

　　　人間もその他の動物も、その体は三種類の栄養で養われている。これら栄養には、食物、飲料、空気という名称が付いている。体の中にある

空気は体内風気（体内ガス）と呼ばれ、体外の空気は大気と呼ばれる。これは万物のなかにあって何ものにもまして最強力な支配者である。この力は考えてみるだけの価値がある。さて、風は大気の流通であり流注である。（ヒポクラテス，986頁）

　現代、単なる痩身法という意味で用いられているダイエット（diet）は、ラテン語の diaeta、ギリシア語の δίαιτα に由来する。この δίαιτα こそは、本来、摂生法、食餌法であったのであり、このギリシア語は、διά（通って）ιτα（進んで行く）という生活法のことである（サレルノ養生訓，706頁）。
　ヒポクラテスは食餌法いわゆる食養生にあたり、人間の食餌法について正しいことを書き記そうとする者は、まず人間一般の自然性を知り、その上で、なおよく知らなければならない、ということを力説する（ヒポクラテス，172頁）。そこでは、穀物類、肉類（獣・鳥）・魚介類・野菜・果物・各種飲料など、ありとあらゆる飲食物の人体に及ぼす効力や害が、「熱（温）」「冷（寒）」「乾」「湿」という四つの基本性質との関連で詳細に解説されている。

　　水は冷性で湿性である。ブドウ酒は温性で乾性である。それには、原料に由来する。浄化作用を及ぼす成分が含まれている。ブドウ酒のうち黒くて収斂作用を及ぼすものは比較的乾性で通じはつけず利尿作用もなく喀痰も促さない。（ヒポクラテス，215頁）

　　野菜については以下のとおりである。ニンニクは湿性で通じをつけ利尿作用もある。それは体にはよいが眼にはわるい。実際、体をよく浄化するが視力を衰えさせる。浄化作用があるから通じをつけ利尿作用もあるのである。（ヒポクラテス，216頁）

　運動と病気と食餌の関係についても詳細に論じられている。ヒポクラテスの養生論の特徴の二つ目は、魂についての養生（魂への配慮）を重要視している点である。しかも、それは食養生の一環として主張されているのだ。

「食餌法について　第四巻（夢について）」では、「睡眠中にあらわれるしるし（夢）」について以下のように説明している。

> 魂は、体がめざめているときには体に従属し、多くの部分に分かれ、自立しているのではなくその一部分を体の各部位の働き—聴覚・視覚・触覚・歩行・全身運動—に割り当てている。そのとき思考は自立してあらゆる活動を魂自身が行なう。<u>実際、睡眠中は体には感覚がないが、魂はめざめていて、あらゆる事物を認識し、見えるものを見、聞こえるものを聞き、歩き、触れ、苦しみ、思案する。要するに、体あるいは魂が役割とする働きなら何であれ、睡眠中にはすべて魂が行なうのである。</u>
> （ヒポクラテス〔近藤均訳〕，1985年，255頁，下線筆者）

　起きている間、魂は身体のさまざまな部分に分かれて、身体に従属して働き、われわれの視覚、聴覚、嗅覚等を司っているが、わわわれの睡眠中には、魂は目覚めており、思索し、身体や魂の働きすべてを行っているというのである。
　その上で、睡眠中の夢については、次のように判断している。「夢のうち、ある人の昼間の行為や思考を、夜になって、昼間行なったり計画したりしたとおりの健全な仕方で繰り返すものは、その人にとって良い夢である。実際それは健康のしるしである。なにしろ魂が、過剰や欠乏や、そのほか外界からの影響に支配されずに、昼間の計画を固守しているからである。一方、夢が、昼間の行為とは反していて、しかもその中に戦いや勝利が現れた場合は、体内の調子が狂っているしるしである。戦いが大規模ならば障害の程度も重く、戦いが小規模ならば障害の程度も軽い。私は、そういう行為について、それを避けるべきかどうか判断しようというのでなく、体を治療することを勧めるのである。なにしろ何らか過剰が生じて分泌がおこったために魂の調子が狂っているわけだからである」（ヒポクラテス，256頁）。
　現実と夢との隔たりがはなはだしい場合は、嘔吐して、軽い食物を、など、現実と夢との乖離について、魂の調子が狂っているためとして食養生を

第1章　生を養う──「自己（Self）」の誕生と「生命（Life）」の変遷

表

季　節	体　液	基　本　性　質
春	血液	温・湿
夏	（黄）胆汁	温・乾
秋	黒胆汁	冷・乾
冬	粘液	冷・湿

薦めている。魂が正しく機能していれば、現実と夢に大差はないはずだということである。「天体がそれぞればらばらに動きまわる場合は、心配事のために魂の調子が狂っているしるしである。こういう場合は休息するのがよい。見せ物、とりわけ何か笑いがおこる見せ物、さもなければ、ほかの、見てとりわけ楽しいものへ魂を向ける。二、三日見ればおさまるであろう。おさまらない場合は疾病に陥るおそれがある」（ヒポクラテス，258頁）とされている。ヒポクラテスの人間の自然性を表にすると上の表のようになる。

2. サレルノ養生訓・貝原益軒にみる「生の養い」

さて、ヒポクラテスの後、人間把握や養生論はどうなっていったのか。医学のメッカであり、紀元前194年にローマの植民市として最初に知られ、古くから保養地として有名であり、「ヒポクラテスの街」として、その名を広くヨーロッパに知られていたサレルノ。ここでヨーロッパで最初の医科大学が誕生し、養生論が完成したといわれる。6～10世紀、サレルノは医学上非常に有名になっていた。この町では、かなり前から医術の教授が行われていたことは確かだという[15]。その有名なサレルノ養生訓において、身体、魂への養生はいかなるものだったのか。これは363行からなるラテン語の詩の形式をとっている。そのサレルノ養生訓でも、人間の四体液説が継承され、食餌法が中心となっている。食餌法がいかに人間にとって大切か、ということが強調されている。「食餌法について」を例として挙げる。

33

すべての人々に慣例の食餌法を守ることを私は命ずる。食餌法を変更する必要がなければ、いつもの食餌をとるのが良い。ヒポクラテスがその証人である。つまり、食餌法を守らないと困った病気になるということの。
　医術のより強力な最終目的とは、確実な食餌法である。
　それを守らないと、あなたは愚かな間違ったやり方をしているということになる。
　どんな性質のものを、何を、何時、どれだけの量を、何回、何処で与えるべきか、医師は、それらの食餌法にかなう食物を注意深く摂らせる必要がある。(サレルノ養生訓，前傾書，725 頁)

　しかし、食餌法だけではなく、1 日の流れに沿った活動法をも示唆している。たとえば、1 日の始まりの朝には冷たい水で手と眼を洗い、適度にあちこちを歩きまわり、手足を伸ばす。髪をすき、歯を磨け。温浴せよ。など。又、水の湧く泉、水の鏡、草の緑は眼を元気づけてくれ、朝には山を見、夕べには泉の水を見よ、などがそれである（サレルノ養生訓，712 頁)。サレルノ養生訓食餌法のうちでも特徴の一つは、<u>ワインやビールなどの酒を食養生の中に積極的に取り上げていることである</u>。特にワインについて、頻繁に登場する。引用する。

　　VII. 栄養のあるもの
　　　生みたての卵、<u>赤ワイン</u>、濃いスープ、精度の高い小麦粉、これらのものは自然にかなった栄養物となろう。

　　IX. <u>ワインについて</u>
　　　ワインの良さは、芳香、風味、澄明度、色によって決まる。良いワインをお望みならば、次の五つが品質上大切である。つまり、強度、美観、芳香、冷え具合、新鮮さである。甘い<u>白ワイン</u>は一段と滋養に富んでいる。

<u>赤ワイン</u>は、時に飲みすぎると、便秘になったり、澄んだ声が濁ってくる。

XII．<u>ワインについて</u>
　あなたが夜にワインをたくさん飲んで調子が悪いとき、翌朝は迎え酒をすると体に良い。ワインは良質のものであればそれだけで体液も良くなる。
　ワインが黒ずんだものであれば、あなたの体は鈍重になる。
　ワインは、明るく澄み、年代もので滑らかで熱しているものが良い。
　水がうまく混和し、ぴりっとしたところがあり、ほどよくたしなむものが良い。

XIII．ビールについて
　ビールは、酸っぱくてはいけない。明るく澄んでいる必要がある。良質の穀物から醸造され、熟成したものでなければならない。

LIX．<u>ワインスープ</u>
　パンとワインで作ったスープには四つの作用がある。歯をきれいにし、視力を鋭くし、足らざるを補い、足れるものを削減し、ほどよくバランスのとれたものにする（同上，715 頁，下線筆者）。

薬を用いるのではなく、ワインなどによる養生・体調回復が重視されている。
　その他、四季に対応した食餌や、植物の活用についても取り上げられている。

　　サルビアが生えているのに、なにゆえ人は死ぬのであろうか。
　　いや、それは、死の力に対して抗しきれる薬はどこにもないからである。

サルビアは、神経を強くし、手の震えをなくし、急性の激しい熱も、
　　サルビアの力には抗しきれずに退散する。
　　　サルビア、カストレウム、ラベンダー、春のプリムラ、オランダガラ
　　シ、ヨモギギク、それらは四肢の麻痺を治す。
　　　サルビア、それこそ病気からの救済者であり、自然界の調停者である
　　（サレルノ，前掲書，726頁）。

　そしてこの頃から、体液と体格、性格の関係が結び付けて論じられるようになっている。たとえば、多血質の人たちは、生来、太っていて冗談好きであり、胆汁質の人たちは、激しい野心家で、よく食べ成長も早い。粘液質の人たちについては、粘液は大した力を授けることなく、体格は短大。感覚は鈍く、動きは遅く、怠惰で、よく眠る。脂肪質で、顔色が白い。また、黒胆汁は、憂鬱をもたらす。人々をひねくれさせたり、陰鬱にしたり、無口にしたりする。課題に忠実で、自分には何も決して最終安全なものはない、と考えている。嫉妬深く憂鬱性で、欲望に駆られやすく、固執しやすい。などである（サレルノ，735頁）。

　以上のように、古代や中世の養生論を分析してみると、前節で検討した近現代の医学論とは異なり、身体への配慮が食養生を中心に展開されていたことが明確である。特に、ヒポクラテスにあって、小宇宙としての人間の最適な養生法は食餌法であり、ワインなどアルコールの活用、また自然や野菜等による療法を具体的に示し推奨していた。それはそのまま「魂への配慮」であり、人間の有り様は、生命論・自殺論で登場した近代の医師ホイットやロウレイに見られるような「患者」「治療」などの概念に単純に収斂されるものではなかった。

　日本にも目を転じてみよう。日本を代表する「生を養う」ための論といえば、やはり江戸期を代表する貝原益軒の『養生訓』である。益軒の養生論も、養生の術を学ぶことで長く生を保つことを主眼としている。「養生の術をまなんで、よくわが身をたもつべし。是人生第一の大事なり。人の命は我にあり、天にあらず、と老子いへり。人の命は、もとより天にうけて生れ

第1章　生を養う——「自己（Self）」の誕生と「生命（Life）」の変遷

付たれども、養生よくすれば長し。養生せざれば短かし。然れば長命ならんも、短命ならむも、我心(わが)のままなり。身つよく長命に生れ付たる人も、養生の術なければ早世(きょじゃく)す。虚弱にて短命なるべきと見ゆる人も、保養よくすれば命長し。是(これ)皆、人のしわざなれば、天にあらずといへり」（貝原, 1977, 27頁）

　益軒の養生訓の特徴の一つは、「治療」や「薬」ではなく、ヒポクラテスと同じく食餌療法による養生で病気を治癒させることを基本としている点である。

　　凡（そ）薬と鍼灸を用(もちい)るは、やむ事得ざる下策なり。飲食・色欲を慎み、起臥を時にして［規則正しく］、養生をよくすれば病なし（貝原, 前掲書, 31頁）。

　　古の君子は、礼楽をこのんで行なひ、射(しゃ)・御(ぎょ)を学び、力を労動し、詠歌・舞踏して血脈を養ひ、嗜慾(しよく)を節にし、心気を定め、外邪を慎み防(ふせぎ)て、かくのごとくつねに行なへば、鍼(しん)・灸(きゅう)・薬を用(もちい)ずして病なし。是(これ)君子の行ふ処、本をつとむるの法、上策(じょうさく)なり。病多きは皆養生の術なきよりおこる。病おこりて薬を服し、いたき鍼、あつき灸をして、父母よりうけし遺体(ゆいたい)にきづつけ、火をつけて、熱痛をこらへて身をせめ、病を癒(いや)すは、其（だ）末の事、下策(げさく)なり。たとへば国をおさむるに、徳を以(て)すれば民おのづから服して乱おこらず攻め、打事を用ひず。又、保養を用ひずして、只(ただ)薬と針・灸を用ひて病をせむるは、たとへば国を治めるに徳を用ひず、下を治むる道なく、臣民うらみそむきて、乱をおこすをしづめんとて、兵を用ひてたたかふが如し。百たび戦つて百たびかつとも、たつと（尊）ぶにたらず。養生をよくせずして、薬と針・灸とを頼んで病を治するも、又かくの如し。（貝原, 前掲書, 31頁）

　薬物、針、灸などで治療するのではなく、養生により病気を防ぐ。予防医療としての食養生。養生は労働、詠歌、舞踏などで血脈を養うことであり、このようなことをしないでおいて薬を用いることは、国が徳を用いて国を治

めることをしなかったために、国民が反乱をおこし、それを武力でおさえようとするようなものなのである。百回戦って百回勝利しても学ぶべきことではないとする。ここには益軒の武力行使に反対する平和思想も明らかである。このような食養生による予防医学の他に、治療としても薬を用いず、自然治癒力を重要視した主張が散見される。

>……薬を用ひずして、病のをのづから癒(なお)るを待つべし。如此すれば、薬毒(やくどく)にあたらずして、早くいゆる病(やまい)多し。死病は薬を用ひてもいきず。下医は病と脈と薬をしらざれども、病家の求(もとめ)にまかせて、みだりに薬を用ひて、多く人をそこなふ。人を、たちまちにそこなはざれども、病を助けていゆる事おそし。(貝原,前掲書,138頁)

>脾(ひ)胃を養ふには、只、穀肉(こくにく)を食するに相宜(あいよろ)し。薬は皆気の偏(へん)なり……(同上,139頁)

>薬をのまずして、おのづからいゆる病多し。是をしらで、みだりに薬を用て、薬にあてられて病をまし、食をさまたげ、久しくいえずして、死にいたるも亦多し。薬を用ふる事つつしむべし。……病の初発(しょはつ)の時、症(しょう)を明(あきらか)に見付(みつけ)ずんば、みだりに早く薬を用ゆべからず。よく病状を詳(つまびらか)にして後、薬を用ゆべし。(同上,139-140頁)

>……長生の薬とて用ひし人、多かりしかど、其のしるしなく、かへつて薬毒(やくどく)にそこなはれし人あり。……内慾を節にし、外邪をふせぎ、起居(ききょ)をつつしみ、動静を時にせば、生れ付たる天年(つき)をたもつべし。是養生の道あるなり。(同上,140頁)

益軒は養生論の原像ともいうべくヒポクラテスと同様、食餌法を重んじ、薬物治療ではなく、自然治癒力で回復することを繰り返し説いている。高野暁子は、益軒の「舞踏」において、天地万物が全て気で構成されている気一

元論の立場をとり、気が元来循環するものであるとの認識から養生における身体運動の重要性を説いたことを指摘しているが（高野，2005）、これまでの分析から、むしろ日常の食を中心として、自然治癒力を高め、薬剤の使用を避けることこそ生を養うことの原点として重要視しているといえる。それはヒポクラテスの体液論的立場から、マクロコスモスにおけるミクロコスモスとしての人体への食養生、すなわちヒポクラテスのいう魂への配慮と共通するものであるといえよう。

おわりに

　以上、自己（self）と生命（life）の変遷を、イギリスの生命論、自殺論、養生論の原像を中心に見てきた。生命は誰のものかをめぐって、17世紀、ダンにより、自己 Self は生命を超えるものとして使用され、「自己保存（self-preservation）」という言葉も誕生した。その後、文学者らにより生命を超える自己としての人間、そしてその「生」が主張されていく。「私こそが、私自身の王」と 'I, my self am King of Me' の中に強調されるように self が独立して強調された形となっていた。だが、ロウレイやホイットら医師の論で辿り明らかになったように、自殺や生命、メランコリーは魔術や悪魔といった宗教的意味合いをおびるものから引き離され、神経論へと移り、生命が医学の領域に収斂されていく。自殺の判決が「自己殺害」から「心神喪失」へと移行していくと同時に、「自己」をめぐる議論は弱体化していった。

　ダンによって主張された、自分は自分のものであるとする「自己 Self」は置き去りにされて、自殺は狂気であり、自殺を考える者は狂気の「患者」と一括りにされるようになった。全ては神経病に帰され、初期の自殺論にみられた生命への養生的風合いも消えてゆく。近代の医師らによる「さまざまな薬物療法と徹底監視の下での、四六時中ベッドに拘束してでも、生かし続けることこそが最善」という言にみられる治療論が展開されるようになるのだ。

しかし、そもそも、その生 life を養生論を手がかりに辿ってみると、医学の祖においては、ミクロコスモスとしての人間の食餌法の重視や魂への配慮を元に養われるべきものであった。宇宙と同じように体内に吹いている風（体内風気）の流れを重視した身体への配慮、養生は、ヒポクラテスにおいては、生（魂）を養う術 'healing Art' であった。サレルノ養生訓でもヒポクラテスの体液論が継承され、食餌療法や自然との連関における養生が記されていた。貝原益軒にあっても、これらの養生論が踏襲され、薬剤を用いない食餌療法と自然治癒力の向上による生の技法が説かれていた。上述した近代医学によりこれらの「生」についての認識が変質していく。生命をめぐって誕生し、単なる生命体を超えるものとして産み出された「自己」は、やがて生命の医療化・神経論により埋葬されたかのようにみえたが、その self が凌駕しようとした life もまた、古代医術における養生論から離脱してしまった近代医学により、ミクロコスモスとしての存在から薬物治療中心主義による人工的に管理・統治されるそれへと収斂され、本来の有り様が失われてきたといえる[16]。

現代における「治療」、「管理」の対象としての生命・人間把握の歴史的限定性が浮き彫りにされた。

注

1 立岩真也「死の決定について」大庭健・鷲田清一編『所有のエチカ』ナカニシヤ出版、2000年、149-155頁。「私的所有」の根拠を問い、臓器移植や優生学と自己決定権について考察したものに、立岩『私的所有論』勁草書房、1997年がある。

2 本書の自殺論争については、松永幸子『近世イギリスの自殺論争』（知泉書館、2012年）を参照。

3 今回検討する医師たちについては、主にマクナルドらの研究を参考にし、それに加え、医学史上当時を代表する医師たちの論である。（マクナルド、前掲書、石井厚『精神医学疾病史』金剛出版、1981年、クリバンスキー, R. 他『土星とメランコリー』田中英道他訳、晶文社、1991年、他参照）。

4 *The Oxford English Dictionary* Vol. V, Clarendon Press, 1933

第1章　生を養う——「自己（Self）」の誕生と「生命（Life）」の変遷

5　古英語、中世英語で現代英語と異なるスペルも原文のまま表記した。例；self=selfe など。
6　Gildon, *op.cit.* ギルドンの著書については、頁数未記載のため頁数は記載省略。以下同様。
7　George Cheyne, 1734。また、本章医学論については松永幸子『近世イギリスの自殺論争』（知泉書館、2012年）を参照。
8　ちなみに、黒胆汁とはメランコリアの訳語である。
9　Minois, *History of Suicide*, p.243; またフーコーは、ブラックモアのこの著書において、ヒステリーとヒポコンドリーが一つの病気から出た二種の変種として定義されていることについて言及している（フーコー『狂気の歴史』田村俶訳、新潮社、1975年、301頁）。
10　*ibid.*, pp.15-16. なお、心（mind）のいくつかの諸情念（passions）ほど、身体（body）に突然で衝撃的な変化をもたらすものはない、とされている（*ibid.*, p.60）。
11　Thomas Willis（1621-1675）。オックスフォード大学自然哲学教授。脳底の大脳動脈輪の発見者。医者、哲学者、解剖学者、生理学者を兼ねた偉大な臨床家の系譜に属するといわれている。*Pathologia cerebri, et nervosi generis specimen*（1667）などを著し、（エティエンヌ・トリヤ『ヒステリーの歴史』安田一郎・横倉れい訳、青土社、1998年、78-79頁または石井厚、前掲書、125-126頁参照）。
12　たとえば、それ以前の著名な医学者としては、T. ブライト、R. バートンらが存在する。ブライトの『メランコリー論』（1586年）とバートンの『メランコリーの解剖』（1621年）においては、自殺はメランコリーという病との関連で論じられており、体液論・情念論をベースにして主として精気（spirit）の病としてみなされていた観を呈していた。それは悪魔要因と精気論の混沌から、それらは未だ地続きの世界にあったことが確認できる。ブライトの『メランコリー論』は、前半は体液論を中心とした医学的論述となっているが、後半部分はその殆どが、悪魔と自分自身の内面の弱さにより引き起こされるメランコリーへの対処法で占められている。悪魔の誘惑によりメランコリーにとり憑かれた人間は、神の所有物であるはずの自分を、あたかも自分自身の物であるかのように思い込み、神との絆を断ち切り、自身を破壊するに至る。そのための治療法あるいは回復法として、意志の強さと神への信頼が切々と説かれていたのである。やはり食養生や悪魔に対抗する方法などが中心であ

った。また、バートンにあっても、メランコリーは神や悪魔などといった「超自然的」要素から切り離せないものであった。これらのことから、当時の医学が宗教や哲学と未分化であった事実が確認できる。
13 また、20世紀に入ると躁鬱症は、間脳に重要な原因があると判明し、電気ショック療法が特に有効とされるようになった。その後この電気ショック療法は、麻酔と筋弛緩処置のもとで行われるようになり、自殺の恐れのあるメランコリーにたいする極めて優れた治療手段となった、という（イヴ・ペリシエ『精神医学の歴史』竹内信夫訳、筑摩書房、1986年、171頁）。
14 『ヒポクラテス全集』（大槻真一郎訳）第1巻、71頁注1参照。
15 「サレルノ養生訓」前掲、『ヒポクラテス全集』第三巻付録LXXXII. 四体液。
人間の体は四つの体液から成り立っている。
血液と胆汁と粘膜と黒胆汁。
土は黒胆汁、水は粘液、そして空気は血液、胆汁は火である。
「『サレルノ養生訓』の解説と全訳」『ヒポクラテス全集』p.733。
16 金森修は、20世紀半ば過ぎから科学が古典的科学観から部分的に逸脱し変質し始めており、そのため宗教者が従来よりも一層毅然とした批判的態度を貫徹しつつ、生命の尊重や弱者への寄り添いのような独自の活動を継続すべきと主張している（金森修、2013）が、身体把握は実践の場において、具体的に、それ以前に徐々に変容してきたといえるだろう。

参考文献等

Blackmore, R. (1725) *A Treatise of the Spleen and Vapours: or Hypocondriacal and Hysterical Affections*, London.

Blount, C. (1680) *Philostratus, Concerning the Life of Apollonius Tyaneus*, London.

Bright, T. (1586) *A treatise of Melancholie*, London

Burton, R. (1621) *Anatomy of Melancholy*, London.

Charlton, W. (1656) *Epicurus's Morals*, London.

Cheyne, G. (1734) *The English Malady: or, a Treatise of Nervous Diseases of all Kinds*, London.

Daube, D. (1972) "The Linguistics of Suicide," *Philosophy and Public Affairs*, Princeton University Press.

Dictionary of National Biography on CD-ROM (1955), Oxford University Press.

Donne, J., 1984 (1647) *Biathanatos; A Declaration of that Paradoxe or Thesis, that Selfehomicide is not so naturally Sinne, that it may neuer be otherwise.Wherein The Nature and the extent of all those Lawes, which seeme to be violated by this Act, are diligently Surueyd*, Associated University Press.

Fletcher, A. & Stevenson, J. et.al. (1985) *Order and Disorder in Early Modern England*, Cambridge University Press.

フーコー, M. (1975)『狂気の歴史』田村俶訳、新潮社

―― (1986)『性の歴史Ⅰ』渡辺守章訳、新潮社

―― (1987)「全体的かつ個別的に――政治理性批判をめざして」(田村俶訳)『現代思想』Vol.15-3

―― (1987)『同性愛と生存の美学』増田一夫訳、哲学書房

Gildon, C. (1694) *Miscellaneous Letters and Essays on Several Subject*, London.

―― (1696) "Account of the Life and Death of the Author" Blount, *The Miscellaneousworks of Charles Blount*, London.

ヒポクラテス (1985)『ヒポクラテス全集』第二巻、近藤均訳、エンタプライズ

―― (1988)『ヒポクラテス全集』第三巻、大槻真一郎訳、エンタプライズ

Hobbes, T. 1840 (1681) "A Dialogue between a Philosopher & a Student of The Common Laws of England" *The English works of Thomas Hobbes* Vol. IV, London.

―― 1971 (1651) *Leviathan*, Harmondsworth；永井道雄訳『リヴァイアサン』、中央公論社

市野川容孝 (1993)「生―権力論批判―ドイツ医療政策史から―」『現代思想』第21巻、青土社

市野川容孝・廣野喜幸・林真理編 (2002)『生命科学の近現代史』勁草書房

石井厚 (1981)『精神医学疾病史』金剛出版

James, Susan. (1997) *Passion and Action*, Oxford University Press.

甚野尚志 (1992)『隠喩のなかの中世―西洋中世における政治表徴の研究』弘文堂

貝原益軒 (1961)『養生訓・和俗童子訓』岩波書店

金森修 (2000)「生殖のバイオポリティックス」『思想』908 号、岩波書店

川本隆史・花崎皋平 (1998)「自己決定権とは何か」『現代思想』青土社、26 号

川本隆史 (2000)「自己決定権と内発的義務―〈生命圏の政治学〉の手前で―」『思

想』908 号、岩波書店

クリバンスキー，R. 他（1991）『土星とメランコリー』田中英道他訳、晶文社

小松美彦（1996）「『死の自己決定権』と『共鳴する死』」『imago イマーゴ』7 号

─── (2000)「『自己決定権』の道ゆき─『死の義務』の登場（上）─生命倫理学の転成のために─」『思想』908 号、岩波書店

Lyons, J. O. (1978) *The Invention of the Self*, Southern Illinois University Press.

MacDonald, M., & Murphy, T. (1990) *Sleepless Souls: Suicide in Early Modern England*, Oxford University Press.

マクマナーズ，J.（1989）『死と啓蒙─１８世紀フランスにおける死生観の変遷』小西嘉幸訳、平凡社

松永幸子（2012）『近世イギリスの自殺論争』知泉書館

─── (2010)「18 世紀後半イギリスにおける人命救助と自殺防止─王立人道協会（Royal Humane Society）の誕生とその思想─」『イギリス哲学研究』第 33 号、日本イギリス哲学会

Monois, G. (1999) *Histoire du suicide; La société occidentale face á la mort volontaure: trans. Lydia G. Cochrane, History of Suicide; Voluntary Death in Western Culture*, Johns Hopkins University Press.

Morgan, H. Gethin. et al. (1994) *Suicide Prevention; The Challenge Confronted, A Manual of Guidance for The Purchasers and Providers of Mental Health Care*, London, HMSO.

Mossner, E. C. (1970) *The Life of David Hume*, Oxford University Press.

Mundell, F. (1896) *Stories of the Royal Humane Society*, London: The Sunday School Union,.

中井久夫（1999）『西欧精神医学背景史』みすず書房

ペリシエ，E.（1986）『精神医学の歴史』竹内信夫訳、筑摩書房

Rawley, W. (1788) *A Treatise on Female, Nervous, Hysterical, Hypochondriacal, Bilious, Convulsive Diseases; apoplexy and Palsy; with thoughts on Madness, Suicide, & c.*, London.

齊藤孝（2001）「こころの健康：身体論から」『日本の科学者』日本科学者会議

Sprott, S. E. (1961) *The English Debate on Suicide: From Donne to Hume*, Open Court.

Stone, L. (1979) *The Family, Sex and Marriage in England 1500-1800*, Penguin Books.

Sym, John (1637) *Lifes Preservative against Self-Killing, or, as Vsefvl Treatise Concerning Life and Self-murder*, London.

高野暁子（2005）「延命としての舞・踏の歴史的変遷－貝原益軒養生論を中心に－」『教育学研究』日本教育学会

立岩真也（2000）「死の決定について」大庭健・鷲田清一編『所有のエチカ』ナカニシヤ出版

テレンバッハ（1985）『メランコリー』木村敏訳、みすず書房

寺崎弘昭（2001）「養生論の原像とその歴史的射程」『日本の科学者』日本科学者会議

―――（2007）「からだとこころといのちの概念史－ひとつの素描」『山梨大学人間科学部紀要』第 9 巻

―――（2007）「はじまりの《心理学》と西周」『山梨大学教育人間科学部紀要』第 8 号

The Oxford English Dictionary Vol. V (1933), Clarendon Press.

トマス，A.（1977）『神学大全』第 13 巻、稲垣良典訳、創元社

―――（1983）『神学大全』第 18 巻、稲垣良典訳、創元社

Whitt, R. (1764) *Observations on the Nature, Causes and Cure of Nervous Hypochondriac or Hysteric, to which are prefixed some Remarks in the Sympathy of the Nerves*, Edinburgh.

ウィリー，B.（1975）『十八世紀の自然思想』三田博雄他訳、みすず書房

第2章 「思想としての精神世界」の変遷とその生命観・人間観の文学への影響概観

三 浦 正 雄

序 「思想としての精神世界」

　1960年代のニューエイジから1970年代のニューサイエンスをへて、1990年代以降のスピリチュアリティ、精神世界へとつながる思想の系譜がある。この流れは、反合理主義・神秘主義、東洋的、有機的、ホーリスティック、一元論といった特徴を持っているとされる。この思想の流れについての評価は、総じて両極端に分かれており、肯定的な評価と否定的な評価がほぼ平行線をたどっているといってよいだろう。
　通常、思想の対立や論争において、両者にそれなりに実りのある議論がかわされる場合が多いが、この両者の隔絶は大きいようにみえる。確かに反合理主義思想の側にも様々な問題点は存在する。しかしながら、この思想の系譜は連綿と続いており、また、この流れに自らのよりどころを求める人々も多いため、学術の場にあるとなしとにかかわらず社会に多大な影響を与えているものといえるだろう。
　現在は科学的な発明や交通網・通信網の発達によって様々な恩恵が社会に人々にもたらされ続けているのは間違いないことであるが、同時に環境汚染、廃棄物処理、核をはじめとする軍事科学、など様々な問題が多発し、科学がひたすら明るく前向きに健全な社会を構築するとは単線的に信じられない時代となって久しい。

一方、連綿と続いてきた宗教的・民間信仰的な思想や発想も必ずしも過去の遺物というわけではない。この領域によってしかカバーできない問題も多々存在していると思われる。宗教は組織化によってその原点から逸脱し、あるいは政治団体化し、あるいはカルト化し、あるいは商業化するという問題も存在する一方、島薗進の命名したいわゆる「新霊性運動」と呼ばれる様々な個人や団体における霊性的な思想や発想が、社会の至るところに散見している（島薗、1996）。

　ここでは、こうした「思想としての精神世界」の流れを俯瞰し、この領域を頭ごなしに否定するのではなく、その効用を見出して考察し、社会や文化にどのように生かされてゆくかを研究する様々な分野の研究史をひも解きながら、特に文学作品に見られる「思想としての精神世界」の生命観・人間観を概観しながらその可能性を探ってゆきたい。

第1節　「ニューエイジ」思想から「ニューサイエンス」「精神世界」「スピリチュアリティ」への展開概観

　1970年代にアメリカ西海岸から発信されたニューエイジ及びニューサイエンスが、世界を席巻した。それは、かつて19世紀にイギリスのロンドン発の心霊学が世界的に激震を及ぼしたそれと似て非なるものであった。科学的考察が難しい領域を疑似科学的に考察するという点での類似点が存在する一方、思想としての精神世界の流れが東洋思想的・有機的・ホーリズム的な発想による世界の包括的有機的な解釈と変革をめざすという相違が、似て非なるものと表現したゆえんである。共通点としては、両者は、いずれも世紀末に近づくにつれて興隆し、社会や文化の行き詰まりによるオカルティズムへの傾倒とまったく無関係とはいえないが、同時にその時代における精一杯の人間性・生命観回復の試みであったともいえるのではないか。また、相違点としては、後者の場合、量子論等の登場による実在からエネルギーへ、実体から場へという科学自体の発想のコペルニクス的転回も、前者との発想の相違を際立たせている。

そもそも人間や世界の神秘的、あるいは宗教的な事象を、どこまで科学によって認識しうるか、あるいは翻案しうるか、どこまで深く理解しうるかという点には疑問符をつけつつも、近現代科学への不安や幻滅から、科学の発想を取り込みながら進展した思想としての精神世界の思潮に可能性を見出すことはやぶさかではなかろう。

オカルト批判派である大田俊寛は、その著書『現代オカルトの根源』（大田、2013）において、ニューエイジから精神世界・スピリチュアリティに至る霊性進化論について「妄想の体系以外のものを生み出しえない」（同書、245頁）と批判的に結論づけながらも、一方で、「果たして一笑に付して済ますことが許されるだろうか。それもまた一面的な短見と言わなければならないだろう」（同書、245頁）とも述べている。そのくらい現代は、科学技術がめざましい進歩を遂げ、その利便性に依存した快適な生活を営みながら、心や魂の安らぎ、救いといったものが必ずしも得られていない時代だからであろう。

科学が核兵器をはじめとする軍事産業や環境汚染、その時点では正しいと考えられていた理論が後に誤りだと判明した医療被害などプラス面ばかりではないのと同様、科学とは異なる領域である宗教的・神秘的な領域にも、またプラス面とマイナス面があることはいうまでもない。

しかしながら、科学が社会の主導権を握ってから、後者はマイナス面ばかりが強調される傾向が続いてきた。そのため、宗教的発想や神秘主義が、科学の方法論を極力取り入れて説得力を増そうと試みた結果が、心霊学であり、ニューエイジ、ニューサイエンス思想であったとするならば、これもまた頭ごなしに全否定すべきではなかろう。一度、その領域に深く分け入って理解しようとしてみなければ、批判も否定もできないのは、科学と同様であろう。

ニューエイジ思想がニューサイエンスを生み、精神世界・スピリチュアリティへと展開してゆく中で、様々な問題点をもはらみながらも、物質科学がバラ色の未来を描けなくなった状況において、様々な示唆を与えていることも多い。

カルトや虚偽、密室性等といったマイナス面や問題性、庶民的な軽すぎる嗜好から霊感商法といった重いものまで商業主義的な陥穽がある反面、一方で、ニューエイジ思想のスピリチュアルへの展開は、宗教学や文化人類学といった理論的な学術の分野ばかりではなく、医療、福祉、介護等の実学的・実用的な分野において様々な光明を見出している面が多々あると評され、その方面での学術的研究も盛んである。

また、近年興隆してきた死生学も、こうしたパラダイムシフトの影響抜きに考えることはできない。

自然科学の分野でも、かねてより物質科学からはみ出した領域の研究や実験も行われており、異端科学視される場合もあるが、研究は連綿と続いている。分野によっては、ニューサイエンスの旗手とされた科学者が一定の評価を得ている研究もある。ラインに始まる超心理学の分野も相当の歴史を持ち、また同様の研究を行ってきたからであろう。

しかしながら、本来、自然科学の暴走をチェックする役割をも担っていたはずの人文科学の研究においては、なぜか奇妙なほど物質科学的な発想や思考を偏重する傾向があるように思われる。一方、作家・芸術家などクリエイターには、思想としての精神世界に強く惹かれている人々も多い。

ここでは、思想としての精神世界、特にその生命観の影響を、主に文学と芸術を中心に概観してみたい。

第2節 「ニューエイジ」思想の興隆

ニューエイジ思想は、60年代に正統な文化に対抗して登場したヒッピーの文化に端を発する。ヒンドゥー教のグルでアメリカで活躍したマハリシ・マヘーシュ・ヨーギーの同教由来の超越瞑想(TM)は、ビートルズやローリングストーンズ、スティーブ・ジョブズなどにも、多大な影響を与えた。この超越瞑想が日本に伝えられたのは1970年代の京セラをはじめとする企業研修による。『超越瞑想と悟り』(マヘーシュ、1994)などマハリシの超越

瞑想の主要著作が日本に翻訳されたのは、1990年代である。

　また、人類学者カルロス・カスタネダによる呪術師の元での修行体験やドラッグによる変性意識体験の著作『呪術ドン・ファンの教え』（カスタネダ、1972）、心理学者ラム・ダスのヨガを紹介した、ラマ・ファウンデーションとの共著『ビー・ヒア・ナウ』（ラム・ダス、ラマ・ファウンデーション、1979）などが発表され、世界的ベストセラーとなっている。

　山川紘矢・亜希子夫妻の訳による『フィンドホーンの魔法』（ホーケン、1995）で紹介されたスコットランド北部の霊体の指導により農業を行う著名な団体フィンドホーンもこの運動において60年代に誕生した。

　文学・思想の分野でニューエイジの影響を受け、これを広めた人物の一人にコリン・ウィルソンがいる。『アウトサイダー』（ウィルソン、1957）でデビューし新実存主義と称されたコリン・ウィルソンは、その大著『オカルト』（ウィルソン、1973）において過去の歴史上の様々なオカルティズムを俯瞰しており、この著作はニューエイジ思想の主著の一つとなっている。『オカルト』は、しばしばコリン・ウィルソンの代表作の一つとまでいわれるが、当時のコリン・ウィルソンは必ずしもオカルティズムに肯定的ではなかったし、ニューエイジのグループとは必ずしも近接してはいなかった。しかし、この著作を契機にして次第にその思潮へと接近してゆく。

　こうしたニューエイジの潮流から、ニューサイエンスが生まれ、科学や合理主義側へのアプローチを行ってゆくこととなる。

　また、ニューエイジはニューサイエンスとともに、1970年代に日本にも流入し、日本でも瞑想やヨガのブーム、仏教や東洋思想のブーム、第3次新宗教ブーム等を巻き起こしている。

第3節　「ニューサイエンス」の日本への輸入と展開

　ニューエイジムーヴメントの影響を受けた思想家や科学者によって、ニューサイエンスが誕生した。その主な人物とその代表的な著作としては、以下

のようなものがある。

　哲学者アーサー・ケストラー（1905〜83年）は、『機械の中の幽霊』（ケストラー、1969）において、ホロンという概念を提唱したが、これが後のホーリズム医療等につながる。

　生物学者ライアル・ワトソン（1939〜2008年）は、『スーパーネイチュア』（ワトソン、1974）の大ベストセラーにより世に出た。生物学における既存科学の理解を超えた現象を多々取り上げており、地球上の生命の統一場とそれによるシンクロニシティを説いた。一方で、後に『生命潮流』（ワトソン、1981）で取り上げた現在の科学からはみ出た幾つかの事象が、ワトソンの創作であったと判明したことから、ニューサイエンス思想すべてに対する懐疑的な視線が発生することにもなった。これは、後にニューサイエンスの影響を受けた立花隆に対する谷田和一郎の批判等にも見られる（谷田、2001）。

　物理学者フリッチョフ・カプラ（1939年〜）の『タオ自然学』（カプラ、1979）は、ニューサイエンスのブームの流れにのって大ベストセラーとなった。この書では、現代物理学と東洋思想のアナロジーが提唱され、還元論と主客二元論から、有機的な一元論とホーリズムへのパラダイムシフトが説かれた。

　カプラに先行して量子論において多大な功績をあげた物理学の大御所デビット・ボーム（1917〜1992年）もまた、『断片と全体』（ボーム、1985）において、要素還元主義の破綻と世界の有機的統一性を主張している。

　心理学者ケン・ウィルバー（1949年〜）の『意識のスペクトル』（ウィルバー、1985）は、東洋思想と西洋思想における心の位相を、きめ細かく整理し分類しながら融合させようと試みている。自己意識を超えた領域を研究するトランスパーソナル心理学の代表的な人物となるが、後には、心の諸領域を統合した心理学であるインテグラル思想へと進展する。

　大気学者ジェームズ・ラブロック（1919年〜）は、『地球生命圏　ガイアの科学』（ラブロック、1984）『ガイアの時代——地球生命圏の進化』（ラブロック、1989）等において、地球を一つの巨大な生命体として理解するガイア理論を提唱した。

第2章 「思想としての精神世界」の変遷とその生命観・人間観の文学への影響概観

　理論物理学者ピーター・ラッセル（1946年〜）は、『グローバル・ブレイン』（ラッセル、1985）において、ラブロックののガイア仮説を情報ネットワーク社会に適用している。

　社会心理学者マリリン・ファーガソン（1938〜2008年）の『アクエリアン革命』（ファーガソン、1981）は、自然科学をはじめとした様々な分野におけるニューエイジ思想やニューサイエンスを紹介し、考察している。日本では、堺屋太一が翻訳し、前書きにおいて個の内面の変化が社会を変える新しい時代の革命を説いている。

　生物学者ルパート・シェルドレイク（1942年〜）の『生命のニューサイエンス』（シェルドレイク、1986）は、時間・空間における場が共鳴して過去にあったものや遠くにあったものの影響を受ける形態場仮説といわれるものであり、賛否両論が巻き起こった。

　心理学者スタニスラフ・グロフ（1931年〜）の『脳を超えて』（グロフ、1986）は、非常に広い無意識の領域を扱った著作である。

　ケネス・ペレティエ（1946年〜）の『意識の科学』（ペレティエ、1986）は、瞑想等における奇跡的な治癒についての考察を行っている。

　また、『前世を記憶する子どもたち』（スティーヴンソン、1990）など生まれ変わり現象の研究で有名なイアン・スティーヴンソン（1918〜2007年）はニューサイエンティストではないが、その研究はニューサイエンスと同時代性を持ち、その動向と無関係とはいえないだろう。スティーヴンソンの輪廻転生の科学的研究などは、まさにニューエイジやニューサイエンスからスピリチュアリティへの架橋ともいえるであろう。しかし、一方で、狭量な実証主義と科学万能、合理主義万能の側から見れば、いかがわしい研究にも見えたことであろう。笠原敏雄は、そのホームページ「心の研究室」の「レビューの検討2」（笠原、1996-2011）において、以下のように述べている。

　　もし超常現象が実在するとすれば、特に生まれ変わりが事実であるとすれば、現在の科学知識体系が、根本から大変更を迫られるのはまちがいありません。人間が、その一部にしても生まれ変わるとすれば、肉体

や脳とは別個に心というものが存在することになります。それだけでも大変なことになるのは、誰であれすぐにわかるでしょう。だからこそ、その真偽を明らかにするため、超常現象の研究に真剣に取り組む必要があるのです。それこそが、真理の探究を旨とする科学者の使命であり責務であるはずです。

　このように考えてくると、超常現象の研究がなぜ見下され、なぜ避けられるのかが、自ずとわかってくるのではないでしょうか。それは、この分野が人間の本質を知るうえできわめて重要な領域であることが、ほとんどは意識下でわかるからではないかと思います。

　笠原は、『隠された心の力』（笠原、1995）においても既にこうした持論を展開している。

　こうした一連のニューサイエンス及びその周辺の人物と著書を俯瞰すると、その日本における紹介・翻訳には、松岡正剛（1944 年～）らの設立した出版社である工作舎（1971 年～）が多大な貢献をしたことが明らかであろう。（松岡は、ニューサイエンスの日本への移植初期においてその主著たる『スーパーネイチュア』『タオ自然学』等を刊行した後、退社している。）

　また、翻訳において多大な貢献をしたのが吉福伸逸（1943 ～ 2013 年）である。ミュージシャンから転身して東洋思想を学び、一方で翻訳家としてニューサイエンス関連の翻訳を一手に手がけた人物で、ニューサイエンスの衰退後もその流れの残滓が心理学や医療に向かったのと軌を同じくしてセラピストとなった。作家でニューエイジやスピリチュアルに多大な関心をいだいていた宮迫千鶴との対談も行っている（宮迫、吉福、2001）。

　さて、こうして華々しく科学思想界のルネッサンスともいうべきパラダイムチェンジを提唱し続けたニューサイエンスだが、その特徴はどのようなところにあるだろうか。

　ニューサイエンスが傾倒する東洋思想には秘伝・非公開の世界があり、公開性・沄則性を求める西欧由来の物質科学とは全くあいいれない面がある。学術には実証性は重要であり、その密室性は、公開から普遍化へ至る物質科

学至上主義者からは、うさんくさい、いかがわしいと見られるゆえんである。東洋思想の秘儀秘伝には密室性がつきまとう。そこからカルトが生まれたり、あるいはワトソンが実際に陥ったようにロマン主義的な結果の改変というきわめて詐欺的な行為が行われかねない場合も存在したりなど様々なマイナス面も存在する。

しかしながら、物質科学もまた、核兵器・環境汚染をはじめ様々なマイナスの要素を生んできたわけであり、人類に決して希望や利便性ばかりをもたらしてきたわけではない。

おそらく近代知においては、物質科学に則して物を見、考えることが優先され、その思考に慣らされてきたため、反合理主義的、東洋的、有機的、ホーリステイック等のものの見方に抵抗を覚えるのではないだろうか。

また、東洋思想には個人主義的な行の問題も潜んでいる。ニューエイジ思想の関心の対象であったものは東洋思想のうち、特に東洋の行を伴う宗教思想の領域である。行を伴う領域は経験主義的であり、心身一如という言葉に表れているように身体をも重んじ心理技法・身体技法を駆使する領域であり、ある意味で個人主義的である。こうしたものの見方に則して述べるならば、個が心理技法・身体技法を通過することによって最終的に世界観等の全体像へ、普遍的な方向へ、思想へと至るものであるので、これを従来の物質科学的分析によってのみ考察することはきわめて難しい点があるだろう。身体論という視点で、行の思想を可能な限り可視化しようとしているものの、非常に難しい点もあるであろう。

以上、ニューサイエンスは、賛否両論を巻き起こしながらも、これまでの科学の知に一石を投じ、その後の思想としてのスピリチュアリティ、精神世界への展開の布石を打ったといえるであろう。

第4節 「ニューエイジ」から「精神世界」「スピリチュアリティ」へ

鈴木貞美（1947年〜）の著作『「生命」で読む日本近代』（鈴木、1996）に

よれば、大正期にも前時代より継承された包括力のある精神的な土壌に、外来の様々な思想・思潮が融合して「大正生命主義」なる思潮の開花があったという。それは、ニューエイジ、スピリチュアル、精神世界の日本における摂取が、日本の思想土壌における外来思想の柔軟な融合であることの先駆をなしているともいう。鈴木の研究は、大正期の文化状況における生命観に関するものであるが、ここには、現代の文化状況との類似性とこうした思想による現代文明の超克の問題にもふれられている。

　こうした日本の精神世界の豊饒な土壌については、鎌田東二は、源流は神神習合によって誕生した八百万の神に始まると指摘している。天皇家による日本統一過程において、各地方の王家の神をも習合していったというものである。これにより、後に全く異なる外来思想である仏教を融合させた神仏習合というラディカルな思想へとつながってゆく融合的・包括的な世界観をもつに至ったと論じている（鎌田、2006）。

　大正期も明治後半の世紀末を経て様々な神秘主義が興隆し、心霊学や神智学など一度、物質科学の時代をかいくぐった神秘主義が輸入される。ここにおいては、西欧思想もまた習合されているのである。心霊学は、現在の観点からみれば擬似科学とみられるであろうが、当時としては、神秘主義に物質科学的視点を加えたラディカルなリニューアルであったであろう。

　森岡正博も、大正時代の状況との類似性を、1980年代のニューサイエンスの隆盛に見出している（森岡、1995）。

　森岡は、日本におけるニューサイエンスは「1980年代前半に起きた非常に大きな翻訳プロジェクトであった」として、80年代後半から90年代にかけての衰退の原因を、「80年代中頃で欧米のベストセラーの翻訳が出揃った」（同書、263頁）ためと、説明している。また、「日本でのニューサイエンス受容は、二つの流れに分派して」（同書、263頁）いったとも述べている。

　その一方の流れは、気功ブームであり、学術的には哲学者湯浅泰雄（1925～2005年）らを中心とする気の思想の研究であるという。湯浅には、『身体 東洋的身心論の試み』（湯浅、1977）『気・修行・身体』（湯浅、1986）などがある。

第 2 章 「思想としての精神世界」の変遷とその生命観・人間観の文学への影響概観

　もう一方の流れは、エコロジーであるという。しかし、これも欧米のエコロジーとは異なる日本的なアニミズムと融合したエコロジーであるとしている。その代表的な存在として野上ふさ子（1949〜2012年）を紹介している。野上は、新左翼からアイヌ革命論をへてエコロジストへ、動物保護活動へと転身した人物である（野上、1993）。
　一方、ニューエイジサイエンスの母胎であったニューエイジ思想は、スピリチュアリティ、日本では精神世界へと展開してゆく。
　後にも言及するが、日本におけるスピリチュアリティのムーヴメントには波がある。スピリチュアリティを装ったカルトや詐欺的、ねずみ講的、犯罪的な事象や事件が表面に現れたりするたびに、一時的に沈滞・低迷している。
　その後の主要な著作やムーヴメントについて概略するならば、以下のようになる。
　まず1990年代には臨死体験ブームがあった。
　レイモンド・ムーディ『かいま見た死後の世界』（ムーディ、1977）『続かいま見た死後の世界』（ムーディ、1989）、ケネス・リング『いまわのきわに見る死後の世界』（リング、1981）、エリザベス キューブラー・ロス『死後の真実』（ロス、1995）『死ぬ瞬間と臨死体験』（ロス、1997）、バーバラ・ハリス、ライオネル・C・バスコム『バーバラ・ハリスの「臨死体験」』（ハリス、バスコム、1998）、マイクル・B. セイボム『あの世からの帰還』（セイボム、2005）『続あの世からの帰還』（セイボム、2006）等の著作が邦訳され、日本でも、京都大学のカール・ベッカーの『死の体験』（ベッカー、1992）、日本近代文学研究者であった鈴木秀子の『死にゆく者からの言葉』（鈴木、1993）、ジャーナリスト立花隆の『臨死体験』（立花、1994）などがベストセラーとなって、NHKスペシャルなどテレビ番組でも特集を組み様々なアプローチが考察された。
　また、代替医療については、民間医療家である上野圭一が、著作や翻訳を行っており、アンドルー・ワイルの『癒す心、治る力 自発的治癒とはなにか』（ワイル、1995）等を翻訳している。
　2004年にブームのピークを迎えた細木数子のテレビ出演や、2005年から

2009年にわたって放送されたテレビ番組『オーラの泉』に象徴されるように、占いによる未来予知、霊や死後の世界に関する関心も大衆レベルでは根強く続いていた。以後も、占いブームは多少の流行の波はあるものの持続しており、他に風水ブーム、パワースポットブームなど不可視な世界への人々の関心は根強く続いている。これらのサブカルチャーの動向は消費文化の枠内にとどまるものも多いが、大衆の興味・関心という点で無視できないものであろう。また、中には、思想、文化、人間観にまで踏み込んだ事例も存在する。

第5節 「思想としての精神世界」に対する日本の学術での評価史

　上記のように学術の世界からサブカルチャーに至るまで「思想としての精神世界」への関心は途絶えることがない。それでは、「思想としての精神世界」は、日本の学術の世界では、これまでどのように評価されてきただろうか。

　島薗進は、ニューエイジからスピリチュアリティ、精神世界への思想の流れに対して、早い時期から一定の評価をくだしている。『精神世界のゆくえ──現代世界と新霊性運動』（島薗、1996）において、1990年代に開花した精神世界ブームを単なる商業主義ではなく、アンケート調査などもふまえて実際に関心を持っている人々の声から分析し考察している。オウム真理教事件以後に書かれた論文もふくまれているが、宗教というところから角度を変えれば、神秘的なものへの関心は減少していないという。

　島薗は、以後も、科学の知と霊性の知を癒合させようとした『〈癒す知〉の系譜──科学と宗教のはざま』（島薗、2003）、スピリチュアルブームの時期に書かれ、アカデミズムによる死生学から社会運動、サブカルチャーまでを論じた『スピリチュアリティの興隆　新霊性文化とその周辺』（島薗、2007）、1996年版を加筆修正して2007年までを論じた『精神世界のゆくえ　宗教・近代・霊性』（島薗、2007）、2011年の東日本大震災以降の精神世界への関心を論じた『現代宗教とスピリチュアリティ』（島薗、2012）と継続的に論じ考

察し続け、客観的かつ冷静にその負の部分をも見据えつつ、人々の霊的世界への関心が続いていることと、その意義を評価し続けている。

他に宗教学分野からの評価としては、スピリチュアリティを通して現代文化を分析した社会宗教学者伊藤雅之（伊藤、2003、2004）、スピリチュアリティ文化から新しい宗教・社会・文化の可能性を論じた樫尾直樹（樫尾、2004、2013）などがいる。

島薗の定義する新霊性文化であるところの精神世界・スピリチュアリティの正の部分を評価する霊性的知識人（島薗、1996）の中でも、現在も旺盛に活動している人物の中に宗教学者鎌田東二がいる。鎌田は宗教学・神道学・民俗学の学際的な研究から、スピリチュアリティの研究へと進んでいる。

変性意識状態によると異空間との交感を考察した『神界のフィールドワーク』（鎌田、1985）、霊性と霊学の流れをたどった『宗教と霊性』（鎌田、1995）、五木寛之との対談『霊の発見』（五木、鎌田、2006）、歴史上の知識人の霊性を考察した『霊性の文学史』（鎌田、2005）、『霊的人間――魂のアルケオロジー』（鎌田、2006）、過去の神仏習合の日本文化に遡及することで新時代の霊性の確立を模索する『神と仏の出逢う国』（鎌田、2009）などで過去の霊性と霊性的知識人を考察しながら、常に新時代の霊性を模索し続けている。

最新の編著書で全7巻にわたる『講座スピリチュアル学』（鎌田、2014-2016）においては、スピリチュアルケアにはじまり、医療・健康、平和、環境、教育、芸術・芸能、宗教の各分野に視野が及んでいる。

島薗が霊性的知識人としてあげた人物は、他に梅原猛・河合隼雄・中沢新一・見田宗介・山折哲雄・湯浅泰雄らがいる。これらの知識人の中でも、現在も旺盛な活動を続け、日本人の精神構造を緻密に析出して多大な説得力を有しているという点では、鎌田の右に出る者はいないだろう。

一方、宗教学以外の学術研究の場においても様々な分野によりスピリチュアリティの研究が始まっている。

教育哲学者の西平直は、「知の枠組みとしての『精神世界』：共感的理解と批判的検討」（西平、1999）において、精神世界に関する言説を俯瞰し、この

潮流に対する「アカデミズムの対応」が重要であり、展望を開くことが必要としている。1999年の論考であるが、その後のアカデミズムの反応を眺望するならば、固定観念・偏見・思想の柔軟性の喪失・分析主義や還元主義への固執など、まだまだ一部の分野を除いてアカデミズムの対応に問題がある点も多い思われる。

　明治大学大学院の学際的な研究科である教養デザイン研究科の上田弓子は、「現代日本におけるスピリチュアリティについての一考察」（上田、2014）、「スピリチュアリティに見られる意識構造―『ホ・オポノポノ（SITH = Self I-dentity Through Ho' oponopono)』」（上田、2015）を事例を中心として、執筆している。ことに前者は様々なスピリチュアリティの文化とその評価を紹介しながら、宗教と似て非なる、宗教の代替ともいうべきスピリチュアリティ文化を詳細に考察している。

　また、医療・福祉の分野では、スピリチュアリティの研究が盛んである。安藤泰至の論文「越境するスピリチュアリティ」（安藤、2006）では、スピリチュアリティが医療の分野へとその領域を広げつつあることが論じられており、長山正義「スピリチュアリティの考察」（長山、2008）は、スピリチュアルケアについて論じている。また、真鍋顕久、古屋健、三谷嘉明「スピリチュアリティとQOLの関係に関する理論的検討」（真鍋、古屋、三谷、2010）は、スピリチュアルとＱＯＬ（クオリティ・オブ・ライフ）との関係を、竹田恵子、太湯好子、桐野匡史、雲かおり、金貞淑、中嶋和夫『高齢者のスピリチュアリティ健康尺度の開発―妥当性と信頼性の検証―』（竹田、太湯、桐野、雲、金、中嶋、2007）は、高齢者の福祉と医療にまたがってスピリチュアルとＱＯＬの関係を論じている。

　これらのようにニューエイジからスピリチュアリティへの思想の流れは、様々な問題点をも持ちつつ、宗教学や文化人類学、そして実学系の医療や福祉の分野で一定の評価を与えられている。「思想としての精神世界」は次第に様々な分野に広がりながら、パラダイムシフトを促しつつあるといえよう。

　後半の部分では、文学においてスピリチュアリティの領域がどのように評

価され位置づけられているかについて、概観してみたい。

第6節 「思想としての精神世界」

　文学や芸術は、科学や合理主義によって完全に可視化できない部分も含めた総体として宇宙・世界・人間を描くことができる。そして、可視化できないものもふくめた世界の全体像を描いた文学・芸術作品にこそ、新たな未来を展望する思想を創出する母胎となる可能性を見出すことができると考える。
　しかしながら、現代日本の文学・芸術において、意外にこの面で様々な困難が立ちはだかっている。
　一つは商業主義である。不可視な世界を表現することで商業主義的なアイテムとしてのエンターテインメントを創作しようという意図であるなら、それは単なる商業主義的な売文行為にとどまるであろう。ファンタジーやライトノベルの中には、実際にそういう意図で創作されている作品も多いのではないか。
　また、怪異ネタを売り物としながら、怪異を合理主義により説明可能・分析可能なものとしてミステリー的な謎解きの面白さで評価を与えられた作家などは、怪異は全て解釈可能なものと考えている。これは、人間の理知の万能を過信し、傲慢に陥った知識人の姿の典型と思われる。芸術家たるもの、そのシャーマン的な気質に素直に向き合い、理知や科学が万能ではないことを知悉しているからこそ、優れた芸術作品が生まれることを肝に銘じなければならないのではないか。
　一方、文学や芸術を分析する評論家や研究者の側も、不可視な世界を表象として分析するうえで、合理主義の枠内にとどまった視点でしか世界を認識できないとすれば、それは固定観念にしばられた視点にすぎまい。不可視な世界を心理現象にのみ還元する要素還元主義もまた、分析者側には存在している。

不可視な世界に対するスタンスは幾通りかあろう。

著者は両極に大別して2通りを考えている。一つは、宇宙・世界・人間には、不可視な部分が存在するかもしれないという視点で追究してゆく立場であり、二つめは、宇宙・世界・人間の不可視な部分をも解読しうるという立場である。後者のすべては解読しうるという西欧合理主義の延長線上にあり、解読できると考えながら、それでもなおかつ不可視な世界を題材に作品を創作するならば、その作者は売文家であろう。怪異など存在しないと豪語しながら、怪異を描く作家・芸術家は売文家以外の何者でもなかろう。

精神世界に関する評価は、これまで常にこの両極に分かれてほぼ平行線をたどってきた。

そして、これはまた、物質科学や合理主義の範疇からはみ出た概念について考察しようとする場合の論者のスタンスも、この両極化は同様である。人文科学においても、自然科学いや自然科学以上に合理主義や物質科学の目によってすべての事象を認識できるという過信に陥っている場合も見受けられる。

「ニューエイジ自体がファンタジー」という言説を述べている論者も存在するが、ニューエイジは組織ではないし、あらゆる思想グループが共通項を持ちながらも構成員一人ひとり異なるわけであり、ニューエイジや精神世界、スピリチュアリティ思想をグループで一つのものの見方と括ることに無理があるのではないだろうか。不可視な世界を論及する論者の中には、確かにフィクションとして論じる論者もいるが、それはごく一部である。

一般的に精神世界という言葉で括られたムーヴメントの中にも、様々な要素があるが、東洋的、神秘主義的、オカルト、秘教的などの言葉で表現されることも多い。しかし、この主要な思想家・研究者・著作家一人ひとりその教養と思想は異なっている。

そもそも、学術の真の目的とは何だろうか。研究者の好奇心による自己満足なのか。それとも社会貢献や何らかの展望を開くためのものなのか。救いといえば語弊があるが、様々な社会の矛盾や人間の苦悩からの脱却とかけ離れたものではなかろう。

古い文化体系、異なる文化体系は、そのままでは現在の文化や社会に適応できない面も存在する。しかし、そうだからといって単に現在に適合しない無用の長物ではない。

確かに、科学においてニセ科学、疑似科学は厳しく批判される場面も多い。それが商業主義に結びつく場合はなおさらであろう。池内了『疑似科学入門』(池内、2008)では、疑似科学が数種類に分類され、批判の対象として考察されている。しかし、池内自身もこの中で「すべて合理主義で割り切れるわけでもない」(同書、ⅰ頁)とも述べている。

合理主義や物質科学によって割り切れない領域を、ことさら忌避する姿勢は基本的に不毛なものではないだろうか。世界の理想的な変革のためにロマンや理想をいだくのは多大な危険を伴うが、だからといって科学や合理主義に還元できないものを切り捨てずに学術の対象としてゆくことにこそ大きな意味があると考える。

第7節　海外の精神世界系の文学及び文化の紹介者

海外の精神世界・ニューサイエンス等の反合理主義の文学の翻訳者・紹介者として著名な人物に山川紘矢(1941年〜)・亜希子(1943年〜)夫妻がいる。山川夫妻は、女優シャーリー・マクレーン(1934年〜)の『アウト・オン・ア・リム』(マクレーン、1986)を皮切りに数々の翻訳を手掛けてきた。

中でも特に大きな影響を及ぼした作品には、『前世療法』(ワイス、1991)『フィンドホーンの花』(キャディ、1994)『アルケミスト』(コエーリョ、1994)『聖なる予言』(レッドフィールド、1995)、『魂の伴侶』(ワイス、1996)などがあり、不可視な領域を扱った科学者の著書や覚醒した高い精神的境地へと至る道筋を描いた文学が中心である。

ここでは精神世界を扱った文学作品の翻訳を概観してみたい。

『アルケミスト』は、ブラジルの作家パウロ・コエーリョの世界的なベストセラー小説である。

強い思いが夢を実現させてゆくという内容であり、思念や錬金術を扱ったスピリチャルな作品であるが、そうした神秘主義的なものに否定的な読者もファンタジーとして読める作品である。

『聖なる予言』はアメリカで大ベストセラーとなった冒険小説である。冒険をしながら気づきを得て、精神的な境地を明確に一歩ずつ高めてゆくという構成の作品である。遊戯的・自己完結的なエンターテインメントとしての冒険小説やファンタジーとは、一線を画しており、本質的に異なっている。ジェームズ・レッドフィールドのこの作品のようにエンターテインメントを精神世界の思想と効果的に融合させながら、本格的に精神世界における境涯の変化を扱った文学作品は、残念ながら本邦にはまだ登場していないかあっても稀少と言っても過言ではないだろう。

日本の思想としての精神世界の動向を考えるならば、宗教学あるいは医療・福祉といった一部の分野を除いて、常に合理主義・物質科学の側からの攻撃にさらされがちである。こうした動向の中で翻訳という形で良質の精神世界関連の文学や書籍を翻訳し続けた山川夫妻の日本の「思想としての精神世界」への貢献は非常に大きなものと思われる。

第8節　現代文学と「思想としての精神世界」

ニューエイジから精神世界、スピリチュアリティへの流れは、現代文学にも多大な影響を与えている。リゼット・ゲーパルト『現代日本のスピリチュアリティ』（ゲーパルト、2013）は、現代日本文学におけるスピリチュアリティの優れた分析が見られる。ここで取り上げられているのは、遠藤周作、大江健三郎、古井由吉、中上健次らである。これらの作家については、この著書に基づく概略にとどめる。

それまでカソリックの視点から宗教者の問題を扱い、一方で自身の超常現象体験から怪談をも執筆した遠藤周作は、それまでの視点とは異なる輪廻転生を扱った小説『深い河』（遠藤、1993）を執筆している。思想としての精

神世界の入り口に立つ所で物語が終わっているが、本来カソリックであった遠藤にしてみれば、ここまでスピリチュアルな世界を描くのは大変な冒険であったと思われる。

大江健三郎は、『燃え上がる緑の木』（大江、1997）において、魂の癒しと救いの問題を扱っているが、大江の後期の作品の幾つかにニューエイジから精神世界への色彩が濃厚に看取される。

芹沢光治良は、『神の微笑』（芹沢、1986）に始まる90歳から1年ごとに書き下ろした「神シリーズ」（芹沢、1986-1993）において、自らの神秘体験とともに独自の精神世界を描いている。ここには作家の神秘体験とともに、一作ごとに変化し深化してゆく境地も描かれている。

村上春樹も、微妙な距離感を保ちながらも、「鏡」（村上、1983）『レキシントンの幽霊』（村上、1996）など幾つかの怪異を扱った作品で、スピリチュアル文化からの影響をにおわせている。

五木寛之は、『大河の一滴』（五木、1998）以降の数々のエッセイ集において、神秘主義的な著作を幾つか書いており、『気の発見』（五木、望月、2004）『神の発見』（五木、森、2005）『霊の発見』（五木、鎌田、2006）の3冊の対談集では合理主義思想からはみ出る様々な分野に精通した知識を披露しており、さらに続刊も出ている。

以上が『現代日本のスピリチュアリテイ』に登場する作家であるが、ドイツでの原著の出版が2001年であるため、この書籍において論ぜられなかった作家・作品もある。

21世紀以降特にスピリチュアリティに多大な興味を示しているのが吉本ばななである。

超能力や心霊への関心を示し、南島の気に満ちたサイパン島において、かつての戦時中の日本人たちの霊をも風俗的な描写の中でさりげなく描いた『アムリタ』（吉本、1994）は、『現代日本のスピリチュアリティ』において取り上げられているが、この作品のように以前から「オカルト」と自ら分類する作品を執筆していた吉本は、科学や合理主義からはみ出た分野への関心は非常に強く、宗教家や霊能者と呼ばれる人物との対談もしばしば行ってい

る。ダライラマ14世との対談『小さないじわるを消すだけで』（ダライラマ14世、吉本、2014）の評価は賛否両論ではあるが、スピリチュアルな気づきについて取り上げている。

　『サーカスナイト』（吉本、2015）では、数奇な恋愛が題材ではあるものの日常的な淡々とした描写で描きながらも、そこに見えない世界との交流や、見えない世界への憧憬と畏敬、そして実際に見えない世界が人々に影響を与えて動かしてゆくさまが、地味だが生き生きと描かれている。ここでも南島であるバリ島が登場し、南島における異界との境界の希薄さが強調されている。

　児童文学作家の梨木香歩には、『西の魔女が死んだ』（梨木、1994）『沼地のある森を抜けて』（梨木、2005）がある。

　『西の魔女が死んだ』は、やはり孫の祖母との田舎での日常生活を淡々と描きながら、魔女・魔術に対する認識の転換が見られる。アニミズム的な自然回帰と漢方的・東洋医学的な魔女・魔術観をうかがうことができる。梨木は、『スピリチュアル・データブック2007』（ブッククラブ回、2007）においても序文を執筆しており、フリーターやニートなど進歩や効率というところから逸脱したものを問題視せず見直した発言を行っている。

　日本の精神世界を描いた作品は、異界に舞台を設定するものよりも、ごく普通の日常世界の中での異界とのさりげない交流や非日常への気づきを表現したものが目につく。

　先述した宮迫千鶴も、スピリチュアルなエッセイを多数執筆しており、また、ニューサイエンスの翻訳者として著名な吉福伸逸との対談も行っている。

　また、スピリチュアルな絵本作家としては、葉祥明の作品があげられる。『ヒーリング・キャット』（葉、2004）が代表作である。この他、スピリチュアル絵本の試みは、様々な著者によって行われている。

むすび

　現代日本の文化やサブカルチャーにおいては、発想やキーワードがエンターテインメントに利用されるという商業主義的なものから、感性的な志向まで非常に高い人気を誇る「精神世界」の分野であるが、それが未来を切り開く思想としての問題となると、ことに当代の文化人や知識人からは過剰に批判・否定される傾向が強い。これは日本において、中立公正・不偏不党な宗教や神秘主義思想に関する教育や啓蒙がこれまで行われてこなかったことと関係があるだろう。知識人・文化人と目される人々であっても、時代の文化や社会の傾向の影響は決して免れることができないと思われる。宗教や神秘主義など意識と潜在意識とを架橋する領域の深い知識がないため、霊性についての正しい判断や認識をもつことがきわめてむずかしいと思われる。ゆえに転ぶことを恐れて、過剰にロゴス中心主義、実証主義からの逸脱を嫌う。しかしながら、物質科学もロゴスも合理主義も万能ではなかったことは、既に19世紀以降の科学や合理主義の様々な問題点からも指し示されている。
　固定観念や偏見無しの中立公正な観点で「思想としての精神世界」を鑑みるならば、地球規模の閉塞状況からの未来を切り開く可能性について期する点も大きいのではないだろうか。
　ことに文学や芸術においては、その自由な表現形態から「思想としての精神世界」を有機的・ホーリズム的に描くことで、新時代を切り開く世界像・生命観を創造することが可能であると思われる。文学や芸術は日常の瑣事やおもしろおかしい妄想に終始すべきではなく、大局から世界を描くものと考えるべきではないだろうか。「思想としての精神世界」の可能性を表現によって先端的に示すことができる分野は文学や芸術なのではないかと考え、今後もその可能性を考察してゆきたい、と考える。

参考文献
安藤泰至（2006）「越境するスピリチュアリティ」『宗教研究』293-312 頁

カール・ベッカー（1992）『死の体験』法蔵館
ブッククラブ回（2007）『スピリチュアル・データブック 2007』ブッククラブ回
デビット・ボーム（1985）『断片と全体』（佐野正博訳）工作舎
アイリーン・キャディ（1994）『フィンドホーンの花』（山川紘矢、山川亜希子訳）日本教文社
フリッチョフ・カプラ（1979）『タオ自然学』（吉福伸逸、田中三彦、島田裕巳、中山 直子訳）工作舎
カルロス・カスタネダ（1972）『呪術ドン・ファンの教え』（真崎義博訳）二見書房
パウロ・コエーリョ（1994）『アルケミスト』（山川紘矢、亜希子訳）地湧社
ダライラマ14世・吉本ばなな（2014）『小さないじわるを消すだけで』幻冬舎
ラム・ダス、ラマ・ファウンデーション（1979）『ビー・ヒア・ナウ』（上野圭一、吉福伸逸訳）エイプリルミュージック
遠藤周作（1993）『深い河』講談社
マリリン・ファーガソン（1981）『アクエリアン革命』（松尾弌之、堺屋太一訳）実業之日本社
リゼット・ゲーバルト（2013）『現代日本のスピリチュアリティ』（深澤英隆、飛鳥井雅友訳）岩波書店
スタニスラフ・グロフ（1986）『脳を超えて』（吉福伸逸、菅靖彦、星川淳訳）工作舎
バーバラ・ハリス、ライオネル・C・バスコム（1998）『バーバラ・ハリスの「臨死体験」』（立花隆訳）講談社
ポール・ホーケン（1995）『フィンドホーンの魔法』（山川紘矢、山川亜希子訳）日本教文社
池内了（2008）『疑似科学入門』岩波書店
五木寛之（1998）『大河の一滴』幻冬舎
五木寛之、望月勇（2004）『気の発見』平凡社
五木寛之、森一弘（2005）『神の発見』平凡社
五木寛之、鎌田東二（2006）『霊の発見』平凡社
伊藤雅之（2003）『現代社会とスピリチュアリティ』渓水社
伊藤雅之、樫尾直樹（2004）『スピリチュアリティの社会学』世界思想社
笠原敏雄ホームページ「心の研究室」より「レビューの検討2」（Copyright 1996-2011）http://www.02.246.ne.jp/~kasahara/psycho/discussion_of_reviews2.html

笠原敏雄（1995）『隠された心の力』春秋社
鎌田東二（1985）『神界のフィールドワーク』創林社
鎌田東二（1995）『宗教と霊性』角川書店
鎌田東二（2005）『霊性の文学史』作品社
鎌田東二（2006）『霊的人間―魂のアルケオロジー』作品社
鎌田東二（2009）『神と仏の出逢う国』角川書店
鎌田東二（2006）「日本的霊性を問い直す」『公共研究』3（1），56-78頁
鎌田東二企画・編（2014 － 2016）『講座スピリチュアル学』全7巻、ビイングネットプレス
樫尾直樹（2013）『スピリチュアリティ革命』春秋社
アーサー・ケストラー（1969）『機械の中の幽霊』（日高敏隆、長野敬訳）ぺりかん社
エリザベス・キューブラー＝ロス（1995）『死後の真実』（伊藤ちぐさ訳）日本教文社
エリザベス・キューブラー＝ロス（1997）『死ぬ瞬間と臨死体験』（鈴木晶訳）読売新聞
ジェームズ・ラブロック（1984）『地球生命圏　ガイアの科学』（星川淳訳）工作舎
ジェームズ・ラブロック（1989）『ガイアの時代―地球生命圏の進化』（星川淳訳）工作舎
シャーリー・マクレーン（1986）『アウト・オン・ア・リム』（山川紘矢、山川亜希子訳）地湧社
マハリシ・マヘーシュ・ヨーギー（1994）『超越瞑想と悟り』（マハリシ総合研究所訳）読売新聞
真鍋顕久、古屋健、三谷嘉明（2010）「スピリチュアリティとQOLの関係に関する理論的検討」『名古屋女子大学紀要 家政・自然編、人文・社会編』41-52頁
宮迫千鶴、吉福伸逸（2001）『楽園瞑想―神話的時間を生き直す』雲母書房
レイモンド・ムーディ（1977）『かいま見た死後の世界』（中山善之訳）評論社
レイモンド・ムーディ（1989）『続かいま見た死後の世界』（駒谷昭子訳）評論社
村上春樹（1983）「鏡」『カンガルー日和』講談社
村上春樹（1996）『レキシントンの幽霊』文藝春秋
森岡正博（1995）「八十年代生命主義とはなんであったか」『大正生命主義と現代』

河出書房新社、258-268 頁
長山正義（2008）「スピリチュアリティの考察」『大阪市立大学看護学雑誌』21-25 頁
梨木佳歩（1994）『西の魔女が死んだ』楡出版
梨木佳歩（2005）『沼地のある森を抜けて』新潮社
西平直（1999）「知の枠組みとしての『精神世界』：共感的理解と批判的検討」『教育学研究』395-405 頁
野上ふさ子（1993）『動物実験を考える—医学にもエコロジーを』三一書房
大江健三郎（1997）『燃え上がる緑の木』新潮社
大田俊寛（2013）『現代オカルトの根源』筑摩書房
ケネス・ペレティエ（1986）『意識の科学』（吉福伸逸、スワミ・プレム・プラブッダ訳）工作舎
ジェームズ・レッドフィールド（1995）『聖なる予言』（山川紘矢、亜希子訳）角川書店
ケネス・リング（1981）『いまわのきわに見る死後の世界』（中村定訳）講談社
ピーター・ラッセル（1985）『グローバル・ブレイン』（吉福伸逸訳）工作舎
マイクル・B. セイボム（2005）『あの世からの帰還』（笠原敏雄訳）日本教文社
マイクル・B. セイボム（2006）『続あの世からの帰還』（笠原敏雄訳）日本教文社
芹沢光治良（1986）『神の微笑』新潮社
芹沢光治良（1987）『神の慈愛』新潮社
芹沢光治良（1988）『神の計画』新潮社
芹沢光治良（1989）『人間の幸福』新潮社
芹沢光治良（1990）『人間の意志』新潮社
芹沢光治良（1991）『人間の生命』新潮社
芹沢光治良（1992）『大自然の夢』新潮社
芹沢光治良（1993）『天の調べ』新潮社
ルパート・シェルドレイク（1986）『生命のニューサイエンス』（竹居光太郎、幾島幸子訳）工作舎
島薗進（1996）『精神世界のゆくえ　現代世界と新霊性運動』東京堂出版
島薗進（2003）『〈癒す知〉の系譜—科学と宗教のはざま』吉川弘文館
島薗進（2007）『スピリチュアリティの興隆 新霊性文化とその周辺』岩波書店
島薗進（2007）『精神世界のゆくえ　宗教・近代・霊性』秋山書店
島薗進（2012）『現代宗教とスピリチュアリティ』弘文堂

イアン・スティーヴンソン（1990）『前世を記憶する子どもたち』（笠原敏雄訳）日本教文社
鈴木貞美（1996）『「生命」で読む日本近代』日本放送出版協会
鈴木秀子（1993）『死にゆく者からの言葉』文藝春秋
立花隆（1994）『臨死体験』全2巻、文藝春秋
竹田恵子、太湯好子、桐野匡史、雲かおり、金貞淑、中嶋和夫（2007）「高齢者のスピリチュアリティ健康尺度の開発―妥当性と信頼性の検証―」『日本保健科学学会誌』63-72頁
谷田和一郎（2001）『立花隆先生、かなりヘンですよ』洋泉社
上田弓子（2014）「現代日本におけるスピリチュアリティについての一考察」『教養デザイン論集』57-76頁
上田弓子（2015）「スピリチュアリティに見られる意識構造―『ホ・オポノポノ（SITH = Self I-dentity Through Ho'oponopono)』」『教養デザイン論集』23-42頁
ライアル・ワトソン（1974）『スーパーネイチュア』（牧野賢治訳）蒼樹書房
ライアル・ワトソン（1981）『生命潮流』（木幡和枝訳）工作舎
ケン・ウィルバー（1985）『意識のスペクトル』全2巻（吉福伸逸・菅靖彦訳）春秋社
コリン・ウィルソン（1957）『アウトサイダー』（福田恆存、中村保男訳）紀伊國屋書店
コリン・ウィルソン（1973訳）『オカルト』（中村保男訳）新潮社
湯浅泰雄（1977）『身体 東洋的身心論の試み』創文社
湯浅泰雄（1986）『気・修行・身体』平河出版社
アンドルー・ワイル（1995）『癒す心、治る力 自発的治癒とはなにか』（上野圭一訳）角川書店
ブライアン・L・ワイス（1991）『前世療法』（山川紘矢、山川亜希子訳）PHP研究所
ブライアン・L・ワイス（1996）『魂の伴侶』（山川紘矢、山川亜希子訳 PHP研究所
吉本ばなな（1994）『アムリタ』全2巻、福武書店
吉本ばなな（2015）『サーカスナイト』幻冬舎
葉祥明（2004）『ヒーリング・キャット』晶文社

第3章 持続可能な開発のための教育 (ESD) にむけた多文化保育・教育の必要性

堀田 正央

はじめに

　本稿が書かれた前年である 2015 年は、世界にとってそのあり方が大きく問われる年であったと言える。アラブの春の一つとして 2011 年から続くシリア内線の混迷や、2014 年に国家樹立が宣言されたイスラム国の台頭、2015 年早々に起こった仏シャルリー・エブド紙襲撃事件・パリ同時多発テロ・ベルギー連続テロ等の一般市民を脅かすテロル、2009 年来のユーロ危機を如実に感じさせたギリシア財政危機等、あるべき秩序の枠組みが大きく変わろうとしていることを示したニュースは枚挙にいとまがない。一方で、貧困の削減やすべての人の健康や教育の充実に向けて、国連加盟国が協同した「ミレニアム開発目標（MDGs）」が達成期限を迎え、世界が一つとなって問題に取り組むことで大きな成果を生むことができることを、多くの人が目の当たりにした年でもあった。更に 2015 年 9 月には国連持続可能な開発サミットにおいて「持続可能な開発のための 2030 アジェンダ」が全会一致で採択され、新たな目標として「持続可能な開発目標（SDGs）」のもとに 17 の目標と 169 のターゲットが設定された。このことは、一人ひとりの人間が地球規模の視点を持ちながら、主体的に問題に参画していくことが求められることを明らかにするとともに、それを実現するための情報や手段を提供し動機づけを高めることにむけた教育の役割の重要性を強調するものでもあ

った。

　このように持続可能性は教育の分野においても世界規模で重要なキーワードである。また東日本大震災を経験し、少子高齢化の一途を辿る日本においては「持続可能な開発のための教育（Education for Sustainable Development: ESD）の推進は、国内の状況と世界状況とで二重の意味で急務であることが言える。しかしながら「国連持続可能な開発のための教育のための 10 年」が提唱されてから 10 年以上が経過した現在も、日本での ESD の認知度は必ずしも高くはない。2015 年内閣府調査「持続可能な開発のための教育に関する世論調査」によれば、「知っている（意味も分かる）」と答えたケースは 2.7％となっている。また文部科学省が ESD の推進拠点と位置づけるユネスコスクールは国内で 939 校（平成 27 年 6 月現在）と 193 カ国中 1 位となっているものの、ESD が学校教育に十分に浸透していないことや、個々の取り組みが単発的で指導計画や評価が積みあがっていないという課題も指摘もされている。

　日本において ESD が"見えにくい"のは何故だろうか。①飢餓、水環境、教育格差、乳幼児志望や妊産婦死亡といった持続可能な開発における主たるテーマが、開発途上国等と比べ、少なくとも相対的には国内における喫緊の問題とはなり難いこと、②開発のパートナーシップとしての責任を、巨額の ODA 実績等からも経済的な文脈から取り上げられることが多いこと、③極東地域に位置する島国であり、歴史的にも国際的な人的交流が少なく「国」や「世界」の概念を 2 項対立的な枠組みとして捉らえがちなこと、④そもそも ESD が極めて包括的な概念であり、精緻化した理解を得ることが困難なこと等、様々な要因が考えられる。

　しかしそれ以上に教育分野においては、現在の成人が自分の受けてきた教育を投影した場合、そこに ESD が（実際にはあったにもかかわらず）入り込む余地が少ないことや、社会全体おいても子どもが社会に参画するという意識が薄いといった、今までの教育における「多様性の不在」の傾向が、大きなハードルになっていることが考えられる。保育所・学校等における子どもや保育者・教師といった多様なクラスの構成員、大人や子どもをはじめとし

た多様な社会の構成員、異なる状況にある多様な世界の国々において、利害関係を調整しながら多くのニーズを何にむけてどう方向づけていくのか、また一人ひとりがどう参画し、どう成果を分け合っていくのかという「多様性の受容と調整」への文化こそが、日本の教育において求められるESDの一つの柱と言えるのではないだろうか。特に非認知能力を育む上で重要な幼児期は、「多様性の受容と調整」にまつわる基本的な心情・意欲・態度の養成において無視することのできない期間であり、ESDにむけた就学前教育の質を高め、初等教育以降とのスムーズな連携を図ることは、とりわけ高いプライオリティを持つと考えられる。

その様な意味で、ESDをカリキュラムの中に位置づけることや、単発的・イベント的な指導計画の中で取り上げることから十分な成果を導くことは、少なくとも幼児教育において難しい。それらから得られる各論的な知識・態度・技術と同時に、日常的な保育や環境との相互作用の中から、それぞれの発達段階において、広義なESDそのものへの意識を身体化していくことが求められる。むしろ日常的な活動や環境との相互作用の中から、あるいは保育者・教師をファシリテーターとした子ども同士の関わりの中から、連続的かつ動的に実現されていくものといえる。

しかしながら現在の就学前教育や保育における多様性は、主としてニーズやそれに応じた形態から取り上げられることが多い。「子ども子育て新制度」等においても、幼保連携型の認定こども園の拡充、待機児童問題を受けての少人数保育の制度化、新規参入促進のための設置・運営主体の規制緩和等、主として保育の量的な拡充が中心の改革であるし、質的な向上においても一人あたりの保育者が担当する子どもの数の低減等の前提的な環境を整えるためのものが多く、保育・教育の内容そのものにおける多様性の議論は少ないのが現状である。

一方で、統合保育の推進や病児保育等、保育の対象や内容そのものへのニーズは以前から存在し、「多様性の受容と調整」にむけた多くの成果や課題を積みあげてきた。取り分け1980年代以降の外国人住民の増加に伴う保育の多文化は、国籍・民族・文化・言語をはじめとした明示的な多様性を保育

の対象にもたらし、保育・教育の方法や内容を再検討しながら、子どもたちの日常にESD的な要素を埋め込み、保育・教育への子どもの参画を促すための重要なリソースを提供してきた。

　SDGs推進において、子どもたちの将来にわたった参画のためのESD拡充はもちろん、現在において子どもたち自身が関わっていくことは重要である。グローバルな視点を持ち、「多様性の受容と調整」にむけたコンピテンシーを養う上で、ファシリテーターとしての保育者や教師が援助・配慮にむけてESDを理解し、成果を評価・改善することは不可欠であるが、そのための情報や手段が十分に提供・議論されているとはいいがたい。例えばOECDの提唱するキー・コンピテンシーの必要性を意識することには大きな利益があるものの、直接的に活用できる教育上のリソースが豊富な多文化保育・教育の文脈でも、文化的差異に起因する問題が注視されるようになる一方で、外国につながる子どもと保護者自身への権利擁護や社会適応が中心的な課題とされ、ESD・SDGs推進に関わる互恵性に根ざした保育・教育の可能性にどう活かすかという視点を持ち難いのが現状である。

　本稿では、キー・コンピテンシーをはじめ、ESDやSDGsについて概況した後、キー・コンピテンシーを養成する上で出発点となる就学前教育の分野において、持続可能な開発のための教育推進にむけた重要なリソースとなりうる保育・教育の多文化化について現状と問題点を検討し、外国につながる子どもとそれ以外の子どもたちが互恵性に基づいた環境のもとでESDに参画し、グローバル・シチズンシップにむけた資質をより良く涵養する可能性を探ることを目的とする。

第1節　キー・コンピテンシー（Key competencies）と「生きる力」

　1997年にOECD加盟各国によって開始された「OECD生徒の学習到達度調査（the Programme for International Student Assessment: PISA）」は、単に学力の水準を国際比較するためのものではなく、義務教育期間において子ども

の現在と将来にむけた社会参画のための知識や技術がどの程度獲得されたのかを評価することが企図されたものである。しかしながらPISAは、数学的リテラシー、科学的リテラシー、読解力といった限られたコンピテンシーに関連した指標について、概ね義務教育修了時点で横断的に評価するに留まっている。「学習到達度」という訳語からの印象や、限られたコンピテンシーを指標としたことで、3つのコンピテンシーが教科教育の成果としての学力の程度を直截的に示し、逆に各リテラシーと関連した教科教育の質を単体で向上させることがコンピテンシー養成にとってより良い方法であるかのように受け取られ、企図としてはコンピテンシー養成としての共通性を持つゆとり教育等への批判の傍証とされる様な傾向も見られる。

　PISAの指標はあくまで現代社会に求められるコンピテンシーの部分的な例証であり、人間が社会でより良く生きていくためには、より幅広いコンピテンシーの獲得が必要である。OECDが現代社会に適合したものとして、コンピテンシーの概念を精緻化・体系化するために立ち上げたプロジェクトであるDeSeCo（Definition and Selection of Competencies:Theoretical and Conceptual Foundations）によって、新たに提唱されたコンピテンシーの枠組みの中核となるものが、キー・コンピテンシーである。キー・コンピテンシーには3つの広域カテゴリーの中にそれぞれ3つの能力が規定されている（表1）。

表1　各広域カテゴリーにおけるキー・コンピテンシー

●コンピテンシー・カテゴリー1： 相互作用的に道具を用いる（Using Tools Interactively）
1-A：言語、シンボルテキストを相互作用的に用いる能力（The ability to use language, symbols and text interactively）
1-B：知識や情報を相互作用的に用いる能力（The ability to use knowledge and information interactively）
1-C：技術を相互作用的に用いる能力（The ability to use technology interactively）

●コンピテンシー・カテゴリー２：
異質な集団で交流する（Interacting in Heterogeneous Groups）

2-A：他人といい関係を作る能力（The ability to relate well to others）

2-B：協力する能力（The ability to cooperate）

2-C：争いを処理し、解決する能力（The ability to manage and resolve conflicts）

●コンピテンシー・カテゴリー３：
自律的に活動する（Acting Autonomously）

3-A: 大きな展望の中で活動する能力（The ability to act within the big picture）

3-B: 人生計画や個人的プログラムを設計し、実行する能力（The ability to form and conduct life plans and personal projects）

3-C：自らの権利、利害、限界やニーズを表明する能力（The ability to assert rights, interests, limits and needs）

OECD, "The Definition and Selection of Key Competencies: Executive Summary," 2005, pp.10-15.

　コンピテンシーは、単なる知識・技術以上のものであり、心理社会的なリソースを動員することによって複雑な要求に向き合うために必要な、技術や態度を含めた能力のことである。またキー・コンピテンシーとは、個人が今日の世界で向き合う複雑な課題に対応するために必要な幅広いコンピテンシーを列挙するのではなく、1. 社会や個人にとって価値ある結果をもたらすもの、2. 幅広く多様な人脈における重要な要求に個人が向き合う助けとなるもの、3. 専門家のみではなくすべての個人にとって重要であるものとして選択されている。

　平成20年1月17日中央教育審議会答申「幼稚園、小学校、中学校、高等学校及び特別支援学校の学習指導要領等の改善について」においては、「各国においては、学校の教育課程の国際的な通用性がこれまで以上に強く意識されるようになっているが、『生きる力』は、その内容のみならず、社会において子どもたちに必要となる力をまず明確にし、そこから教育の在り

方を改善するという考え方において、この主要能力(キー・コンピテンシー)という考え方を先取りしていたと言ってもよい」との記述がある。ここで言う「生きる力」とは、「自ら課題を見つけ、自ら学び、自ら考え、主体的に判断し、行動し、よりよく問題を解決する資質や能力、自らを律しつつ、他人とともに協調し、他人を思いやる心や感動する心などの豊かな人間性、たくましく生きるための健康や体力など」であり、「自己の人格を磨き、豊かな人生を送る上でも不可欠」とされることから、キー・コンピテンシーとその目的も含めて相当程度重なり合った概念と言える。「生きる力」をより精緻化された概念枠組みを持ったキー・コンピテンシーとどの程度まで関連づけるかには議論の余地があるものの、学習指導要領の改善が、キー・コンピテンシーを部分的に評価するPISAリテラシーに留まらずキー・コンピテンシーそのものをある程度意識したものであったこと、そしてそれが幼稚園を含めた学校教育全体に通底するものであったことが示されているのは非常に重要な点と考えられる。

このことは、2008年におよそ60年ぶりに改正された教育基本法における、新たな教育の目標においてもみられ、「改正教育基本法及び学校教育法によって明確に示された教育の基本理念は、現行学習指導要領が重視してい

表2 教育基本法（教育の目標）

第二条　教育は、その目的を実現するため、学問の自由を尊重しつつ、次に掲げる目標を達成するよう行われるものとする。
一　幅広い知識と教養を身に付け、真理を求める態度を養い、豊かな情操と道徳心を培うとともに、健やかな身体を養うこと。
二　個人の価値を尊重して、その能力を伸ばし、創造性を培い、自主及び自律の精神を養うとともに、職業及び生活との関連を重視し、勤労を重んずる態度を養うこと。
三　正義と責任、男女の平等、自他の敬愛と協力を重んずるとともに、公共の精神に基づき、主体的に社会の形成に参画し、その発展に寄与する態度を養うこと。
四　生命を尊び、自然を大切にし、環境の保全に寄与する態度を養うこと。
五　伝統と文化を尊重し、それらをはぐくんできた我が国と郷土を愛するとともに、他国を尊重し、国際社会の平和と発展に寄与する態度を養うこと。

る「生きる力」の育成にほかならない」とされている。また「新しい時代にふさわしい高大接続の実現に向けた高等学校教育、大学教育、大学入学者選抜の一体的改革について」（平成26年中央教育審議会答申）別添資料2においては「生きる力」と「確かな学力」の育成が幼稚園・保育所・認定こども園から一貫してなされるものとして位置づけられており、キー・コンピテンシーや生きる力を養成する最初の段階として、就学前教育の重要性が示唆されている。

　言うまでもなく、コンピテンシー・カテゴリー2の「異質な集団で交流する」（Interacting in Heterogeneous Groups）の前提には「異質」であることの認知があり、このカテゴリーは多様性の受容に基づいたものと言える。またHeterogeneousは原義的に「異なった種族」を意味し、Interactingは本来「交流」の訳語として用いられることが多いCommunicationよりも相互作用の意味が強い。このことから多文化・異文化環境における子どもの主体的な参画に基づく保育が、キー・コンピテンシー養成と強く親和することは明らかである。

第2節　持続可能な開発のための教育（Education for Sustainable Development: ESD）

　「持続可能な開発」は、「将来の世代の欲求を満たしつつ、現在の世代の要求も満足させるような開発」とされ、環境と開発を両立しうるという立場から、将来にわたった環境保全を可能とする開発のことである。しかしながら環境と開発という2項対立的な枠組みのみでは持続可能性を担保することはできず、社会、経済、文化等様々な分野にわたる総合的な取り組みが必要であることは自明である。ESDは、「全ての人間に持続可能な未来を形作るために必要な知識、技術、態度、価値を獲得できるようにするためのもの」とされ、主要推進機関であるUNESCOによって、生物多様性（Biodiversity）、気候変動教育（Climate Change Education）、災害リスク軽減（Disaster Risk Reduction）、文化多様性（Cultural Diversity）、貧困減少

(Poverty Reduction)、ジェンダーの平等（Gender Equality）、健康増進（Health Promotion）、持続可能なライフスタイル（Sustainable Lifestyles）、平和と人間の安全保障（Peace and Human Security）、水（Water）、持続可能な都市化（Sustainable Urbanisation）等の分野において様々な取り組みがなされている。

　UNESCOはESDを、1.持続可能な開発の基礎となる原理や価値に基づき（is based on the principles and values that underlie sustainable development）、2.環境、社会、文化そして経済の持続可能性についての4の次元全てのウェル・ビーイングを扱い（deals with the well-being of all four dimensions of sustainability – environment, society, culture and economy）、3.参画型学習や高度な思考スキルを促進する教育上の様々なテクニックを用い（uses a variety of pedagogical techniques that promote participatory learning and higher-order thinking skills）、4.生涯学習を促進し（promotes lifelong learning）、5.地域と関連づき文化的にも適切であり（is locally relevant and culturally appropriate）、6.地域のニーズ、認識、状況に基づきながらも、地域のニーズを満たすことがしばしば国際的な影響や結果を持つことを認め（is based on local needs, perceptions and conditions, but acknowledges that fulfilling local needs often has international effects and consequences）、7.公的なもの、公的ではないもの、非公的なもの等の教育に関連し（engages formal, non-formal and informal education）、8.持続可能性という概念がもつ進展するという特性を調整し（accommodates the evolving nature of the concept of sustainability）、9.世界規模の問題や地域の優先事項のコンテクストを考慮にいれ（addresses content, taking into account context, global issues and local priorities）、10.地域主導の意思決定、社会的寛容、環境管理、適応可能な労働力、良好な人生の質のための市民一般の能力を構築し（builds civil capacity for community-based decision-making, social tolerance, environmental stewardship, an adaptable workforce, and a good quality of life）、11.学際的であり、どのような単一の分野もESDそれ自体を主張できず、全ての分野がESDに寄与しうる（is interdisciplinary. No single discipline can claim ESD for itself; all disciplines can contribute to ESD）ものと位置づけている。

2005年から2014年「国連持続可能な教育のための10年」の後、ESDの更なる推進にむけて、2015年から「グローバルアクションプログラム」が開始され、「持続可能な開発の発展を加速するために教育と学習の全てのレベルと分野において行動を起こし強化する」という全体に通底した目標の元に、2つの目的と5つの優先分野が設定されている（表3）。

　日本においても少子高齢化、社会的寛容、経済格差、環境問題等、ESDに関わる諸問題が顕在化する中、2008年の新たな幼稚園教育要領及び小学校・中学校学習指導要領では、持続可能な社会の構築の観点が示された。しかし中学校学習指導要領以外では「持続可能な社会」という具体的な言葉は盛り込まれておらず、中学校においても地理・公民等の教科で限定的に用いられるに留まっている。また平成18年決定、平成23年改訂の「我が国における『国連持続可能な開発のための教育の10年』実施計画」では「環境教育や開発教育を始め平和、人権等のESDの対象となる課題について、学校では、既に生活科、社会科、理科、技術・家庭科等の各教科や道徳、総合的な学習の時間等において取り扱われており、また、社会教育施設や地域活動等においても、扱われてきました。また、学校、社会教育施設、NPO活動、企業内研修等において、環境教育、国際理解、人権教育、消費者教育、キャリア教育、食育等を実施している指導者は、すでに各分野の教育の技能を有しています」とあるように、具体的なESD像が示されているというよりも、既存の取組をESD的なものとして新にラベリングしたり、多くの分野を広義に捉えたESDの概念で統合し、様々な実施主体の連携、協同を図ることが重視される傾向が見られる。

　保育・教育の目的そのものが古今を問わずESD的であり、ESDにむけた十分な経験や能力が保育者にあることは疑い得ないが、「持続可能性」を意識した教育方法や教育内容であったかは疑問が残るだけでなく、個々の教育的成果の積みあげがどこにむかうのかという意識や、幼児・児童の主張や参画が十分に担保されていたかはキー・コンピテンシー養成においては特に慎重に評価する必要がある。国際理解教育、グローバル教育、持続可能な開発のための教育は、部分的に重複しながらも厳密には異なる概念である。学校

第３章　持続可能な開発のための教育 (ESD) にむけた多文化保育・教育の必要性

表3　グローバルアクションプログラムにおける2つの目的と5つの優先分野

目的1：全ての人が、持続可能な開発に貢献できるようにエンパワーされるような知識、技能、価値観、態度を得る機会を持つために、教育・学習を再配向させる。(to reorient education and learning so that everyone has the opportunity to acquire the knowledge, skills, values and attitudes that empower them to contribute to sustainable development.)
目的2：持続可能な開発を促進する全てのアジェンダ、プログラム、活動において、教育や学習の役割を強化する。(to strengthen education and learning in all agendas, programmes and activities that promote sustainable development.)
優先行動分野1： 政策支援 (Advancing policy)
ESDに特別な権能を与える環境を創出し、全体的な変化をもたらすために、教育と持続可能な開発双方の政策にESDを入れ込む。(Mainstream ESD into both education and sustainable development policies, to create an enabling environment for ESD and to bring about systemic change.)
優先行動分野2： 学習や訓練の環境の変換 (Transforming learing and training environments)
教育や訓練の場に持続可能性の原理を統合する。(Integrate sustainability principles into education and training settings.)
優先行動分野3： 教育者やトレーナーのキャパシティ構築 (Building capacities of educators and trainers)
ESDにさらなる効果をもたらすために、教育者やトレーナーのキャパシティを増大させる。(Increase the capacities of educators and trainers to more effectively deliver ESD.)
優先行動分野4： 若者の支援と動員 (Empowering and mobilizing youth)
若者の間でESD活動を増やす。(Multiply ESD actions among youth.)
優先行動分野5： 地域レベルで持続可能な解決策を促進する (Accelerating sustainable solutions at local level)
コミュニティ・レベルでESDプログラムや利害関係者間のＥＳＤネットワークを増進する。(At community level, scale up ESD programmes and multi-stakeholder ESD networks.)

教育、社会教育等の連携・協同を推進することはもちろんのこと、そこに携わる保育者・教育者がESDの概念を精緻化して理解しながら、持続可能性にむけたコンピテシー養成という目的を達成するもの手段として、既存の取組を再評価・改善しながら一つひとつの取組を将来にむけて位置づけていくことが重要である。

第3節　持続可能な開発目標（The new Sustainable Development Goals: SDGs）

　2000年に「国連ミレニアム・サミット」において採択された、貧困の撲滅や普遍的初等教育の達成をはじめとした8つのゴールと21のターゲットからなるミレニアム開発目標（MDGs: Millennium Development Goals）は、2015年に達成期限を迎えた。1日1.25ドル未満で暮らす人々は、1990年の19億人から8.4億人と約30％まで減少し、開発途上国における就学率や若年層の識字率は91％を超え、乳幼児死亡率は53％、妊産婦死亡率は45％減少する等、多くの国々が協同することで持続可能性の拡大にむけた大きな可能性が展ける成果を上げた。

　MDGsの成果を踏まえ、2015年「国連持続可能な開発サミット」が開催され、「我々の世界を変革する：持続可能な開発のための2030アジェンダ」（Transforming our world: the 2030 Agenda for Sustainable Development）が採択された。同アジェンダにおいては、宣言とともにMDGsから接続したものとして、「持続可能な開発目標」が17の目標と159のターゲットとともに掲げられている。SDGsは開発途上国を主たる対象としたMDGsに比べ、平和で包摂的な社会を目指してより多岐にわたる目標やターゲットが示されていることはもちろん、先進国を含んだ全ての国々を対象としている点、目標やターゲットの相互関連性が重視されている点、実施手段が示されている点、量的な成果目標とともに各分野の質的な向上を図る目標を持っている点等、多くの改善点や特徴を備えている（表4）。

表4 持続可能な開発目標（SDGs）の目標

目標1：	あらゆる場所で、あらゆる形態の貧困に終止符を打つ。(End poverty in all its forms everywhere.)
目標2：	飢餓に終止符を打ち、食料の安定確保と栄養状態の改善を達成するとともに、持続可能な農業を推進する。(End hunger, achieve food security and improved nutrition and promote sustainable agriculture.)
目標3：	あらゆる年齢のすべての人々の健康的な生活を確保し、福祉を推進する。(Ensure healthy lives and promote well-being for all at all ages.)
目標4：	すべての人々に包摂的かつ公平で質の高い教育を提供し、生涯学習の機会を促進する。(Ensure inclusive and equitable quality education and promote lifelong learning opportunities for all.)
目標5：	ジェンダーの平等を達成し、すべての女性と女児のエンパワメントを図る。(Achieve gender equality and empower all women and girls.)
目標6：	すべての人々に水と衛生へのアクセスと持続可能な管理を確保する。(Ensure availability and sustainable management of water and sanitation for all.)
目標7：	すべての人々に手ごろで信頼でき、持続可能かつ近代的なエネルギーへのアクセスを確保する。(Ensure access to affordable, reliable, sustainable and modern energy for all.)
目標8：	すべての人々のための持続的、包摂的かつ持続可能な経済成長、生産的な完全雇用およびディーセント・ワークを推進する。(Promote sustained, inclusive and sustainable economic growth, full and productive employment and decent work for all.)
目標9：	レジリエントなインフラを整備し、包摂的で持続可能な産業化を推進するとともに、イノベーションの拡大を図る。(Build resilient infrastructure, promote inclusive and sustainable industrialization and foster innovation.)
目標10：	国内および国家間の不平等を是正する。(Reduce inequality within and among countries.)

目標11：	都市と人間の居住地を包摂的、安全、レジリエントかつ持続可能にする。（Make cities and human settlements inclusive, safe, resilient and sustainable.）
目標12：	持続可能な消費と生産のパターンを確保する。（Ensure sustainable consumption and production patterns.）
目標13：	気候変動とその影響に立ち向かうため、緊急対策を取る。（Take urgent action to combat climate change and its impacts.）
目標14：	海洋と海洋資源を持続可能な開発に向けて保全し、持続可能な形で利用する。（Conserve and sustainably use the oceans, seas and marine resources for sustainable development.）
目標15：	陸上生態系の保護、回復および持続可能な利用の推進、森林の持続可能な管理、砂漠化への対処、土地劣化の阻止および逆転、ならびに生物多様性損失の阻止を図る。（Protect, restore and promote sustainable use of terrestrial ecosystems, sustainably manage forests, combat desertification, and halt and reverse land degradation and halt biodiversity loss.）
目標16：	持続可能な開発に向けて平和で包摂的な社会を推進し、すべての人々に司法へのアクセスを提供するとともに、あらゆるレベルにおいて効果的で責任ある包摂的な制度を構築する。（Promote peaceful and inclusive societies for sustainable development, provide access to justice for all and build effective, accountable and inclusive institutions at all levels.）
目標17：	持続可能な開発に向けて実施手段を強化し、グローバル・パートナーシップを活性化する。（Strengthen the means of implementation and revitalize the Global Partnership for Sustainable Development. ）

　保育・教育に大きくかかわるアジェンダとしては、「25. 我々は就学前から初等、中等、専門、技術、職業訓練等のすべてのレベルに おける包摂的で公正な質の高い教育を提供することにコミットする。性、年齢、人種、民族に関係なくすべての人々が、また障害者、移民、先住民、子供、青年、脆弱な状況下にある人々が社会への十全な参加の機会を確保するために必要とされる技能や知識を獲得するための生涯学習の機会を有するべきである」（We commit to providing inclusive and equitable quality education at all levels — early childhood, primary, secondary, tertiary, technical and vocational training. All people, irrespective of sex, age, race or ethnicity, and persons with disabilities, migrants, indigenous peoples, children and youth, especially those in vulnerable situations, should have access to lifelong learning opportunities that help them to acquire the knowledge and skills needed to exploit opportunities and to participate fully in society. We will strive to provide children and youth with a nurturing environment for the full realization of their rights and capabilities, helping our countries to reap the demographic dividend, including through safe schools and cohesive communities and families.）がある。また目標4.7においては「4.7 2030年までに、持続可能な開発のための教育及び持続可能なライフスタイル、人権、男女の平等、平和及び非暴力的文化の推進、グローバル・シチズンシップ、文化多様性と文化の持続可能な開発への貢献の理解の教育を通して、全ての学習者が、持続可能な開発を促進するために必要な知識及び技能を習得できるようにする」（By 2030, ensure that all learners acquire the knowledge and skills needed to promote sustainable development, including, among others, through education for sustainable development and sustainable lifestyles, human rights, gender equality, promotion of a culture of peace and non-violence, global citizenship and appreciation of cultural diversity and of culture's contribution to sustainable development.）という記述がある。どちらの言葉も教育の量的拡充ではなく質的向上を志向しており、就学前からの一貫したエンパワメントが求められている。また保育・教育の対象の多様性を明示し、保育・教育の持つ包摂性を担保しようとしながら、グローバル・シチズンシップに象徴されるコンピテンシーが、持続可能性に大きな役割を果たすことが強調されている。

　Nation, State, Land, Country等、他言語において「国」を表す単語が多様であることに比べ、日本語においてはそれらの意味を全て包括した一語として「国」が機能し、多くの場合その中には民族、言語、文化、価値観、遺伝的要因をも含めた強い同一性のイメージが内包されている。保育室や教室の中での多文化環境は、そのイメージを揺るがせ、個人が持つ背景の境界を淡

いものにしながら、グローバル社会の自己同一性を構築・再構築する可能性を持つ。幼児・児童が属する保育所・学校を保育者・教師というファシリテーターとともに、子どもたち自身の参画の元に、多様性と受容・調整にむけたものとできるならば小さなシステムレベルで得たコンピテンシーは、グローバル・シチズンシップの獲得にむけた大きな力となるはずである。

第4節　キー・コンピテンシー養成における多文化保育・教育の位置づけと有用性

　今までみてきたように、キー・コンピテンシー、ESD、SDGs等は、重層的な側面を持ちながらも、地域的・国際的という以上に、その発端となる視点はグローバルな持続可能性を志向したものである。SDGsにグローバル・シチズンシップという表現が頻出することはもちろん、PISAは2018年に従来のリテラシーに加えて、グローバル・コンピテンスを採用する予定であり、グローバル・シチズンシップを意識した教育の必要性はますます増していくことが考えられる。

　また持続可能な開発においては、多くの領域を跨いだ取り組みが不可欠であり、任意のコミュニティや政治主体同士の排他的な利害関係を調整するための、国際的な視点でのアプローチでは問題解決が難しい。よって持続開発可能な開発のための教育においても、単なる国際理解に留まらないグローバル・シチズンシップを全ての人が理解することにつなげることが重要である。D・ヘルドは、「シチズンンシップといえば、あるコミュニティの成員資格を指し、特定の権利と義務を有する人々に与えられるものと理解されてきたが、今や、世界秩序の新しい原理という意味に変わっている。つまり、領域を横断する決定作成によって死活的なニーズと利益が左右されるものである限り、だれであれ、これに対する権利と義務を保持するという原理である」としているが、このことはまさに従来の国籍・市民権の枠組みを脱却することの必要性を示唆しており、キー・コンピテンシーを意識したあらたな教育的アプローチが求められることは明らかである。

第3章　持続可能な開発のための教育 (ESD) にむけた多文化保育・教育の必要性

　グローバル・コンピコンピテンシーの前提となるものは、多様性の受容と多様性を内包した環境における自律性であり、DeSeCo が示すキー・コンピテンシーにおけるカテゴリー 2：異質な集団で交流する（Interacting in Heterogeneous Groups）においては、「このコンピテンシーは、個人が喜ばしいと感じ、そこに含まれ繁栄するような環境を作るために、他の価値観、信念、文化、歴史を尊重し、真価を認めることができると仮定する」（This competency assumes that individuals are able to respect and appreciate the values, beliefs, cultures and histories of others in order to create an environment where they feel welcome, are included and thrive）とされている。

　近年、国際理解教育はユネスコスクール等に顕著なように多くの学校等でみられるようになっているが、その内容は多くの場合「他者理解」を目的としたものであり、「多様性を尊重しながら異質な集団で交流」したり、「グローバル・シチズンシップ、文化多様性と文化の持続可能な開発への貢献を理解」したりすることとは必ずしも一致しない。さらに、日本においては①極東の島国という地政学的特徴を持った国土、②江戸期における 200 年以上の鎖国の歴史、③ 95％以上が同一の民族で占められる人口構造、④他言語との関連性が不明な孤立言語として保持されてきた母語等から、国土、民族、市民権、言語、経済、教育等の同一性が極めて高い特徴を持っており、そもそもグローバル・シチズンシップの概念が根付き難い背景がある。

　しかしながら、地域においても外国人住民の人口や外国人観光客がかつてない程に増加している現在、保育・教育において「異質な集団で交流する」ことや「文化多様性と文化の持続可能な開発への貢献を理解する」ことを通じたグローバル・コンピテンシーの涵養は、保育者・教育者の適切な理解の元に推進されることが不可欠な状況となっている。外国人登録令が施行された 1947（昭和 22）年から 1986（昭和 61）年までの 40 年間で外国人登録者増加は 22 万 7,869 人だったが、1986（昭和 61）年から 2006（平成 18）年までの 21 年間においては 114 万 4,323 人となり、半分の期間で約 5 倍もの増加をみせている。最も正規の外国人登録者数が多かったのは、2008（平成 20）年の 221 万 7,426 人であり、全人口の 1.74％を占めるまでに至ったが、以

後漸減傾向が続き、2011（平成 23）年では約 209 万人となっている。夫婦の一方が外国籍であるいわゆる国際結婚の数も、1980（昭和 55）年には全婚姻数の 0.98％（7,261 組）に過ぎなかったものが、2006（平成 18）年には約 6.5％（4 万 4,701 組）にまで上昇した。しかしながら 2011（平成 23）年では約 3.9％までの落ち込みをみせ、特に妻がフィリピン籍の婚姻で約 65％、妻が中国籍の婚姻で約 33％と、大幅に減少している。また文部科学省の「日本語指導が必要な外国人児童生徒の受入れ状況等に関する調査」によれば、2003（平成 15）年から 2008（同 20）年の 6 年間で日本語指導が必要な外国人児童生徒は 1 万 9,042 人から 2 万 8,575 人へと 1.5 倍以上にまで増えている。国際教育標準分類（ISCED）LEVEL0 に該当する就学前教育においては、文化的に配慮が必要な外国につながる子どもの数について公の統計は見られないものの、市区町村単位において認可保育所で当該対象を保育した経験を持つケースは約 80％に上るとの報告もある。

　このような状況の中で、持続可能な開発にむけたグローバル・シチズンシップ養成にむけて、就学前の時期に「多様な文化・価値観・信念・歴史」と向き合うことのできる多文化保育・教育は、最も有効な ESD の方法の一つであると考えられる。SDGs のアジェンダには、「36. 我々は、文化間の理解、寛容、相互尊重、グローバル・シチズンシップとしての倫理、共同の責任を促進することを約束する。我々は、世界の自然と文化の多様性を認め、すべての文化・文明は持続可能な開発に貢献するばかりでなく、重要な成功への鍵であると認識する」とある。多文化保育・教育においては、過去の蓄積からのリファレンスが得られにくい一方、教育・保育の機会がかつてないほどに増加していることは、日本人の子どもと外国につながる子ども双方のグローバル・コンピテンシーの養成にむけて大きな好機である。文化的マイノリティに対する特別な配慮としての文脈を超え、多文化保育・教育の体系化された概念を新たに構築し、それに基づいた保育・教育を計画・実施し、その成果を省察・評価していくことが持続可能な開発のための教育として今後強く求められる。

第5節　持続可能な開発にむけた教育における多文化教育・保育の課題

1. 多文化保育・教育の定義

　多文化保育・教育は、グローバル教育、国際理解教育、アンチバイアス教育、インクルーシブ教育等と部分的に重なり合いながら、それぞれの年代、それぞれの国においてさまざまな定義が試みられてきた。しかしながら、1980年代のバンクス、リンツらによる主として人種問題にスポットを当てた多文化教育論、テイラーらによる少数者のアイデンティティーの社会的承認を中心とした多文化主義論等、「あらゆる社会階級、人種、文化、ジェンダー集団出身の生徒たちが、平等な学習機会をもてるように学校や他の教育機関をつくりかえるための教育改革運動であり、すべての生徒がより民主的な価値観、信念、また文化を超えて機能するために必要な知識、スキル、態度を育てられるように支援することにある」という言葉からも分かるように、少数者に対する権利擁護の視点であり、同化主義的であるにせよ多文化主義的であるにせよ、任意の社会において文化的に異なる背景を持った構成員同志が、義務と権利のバランスを取りながら、如何にしてQOLを高めて行くのかということが主軸となったローカル・シチズンシップに纏わる概念に端を発している。

　萩原は、多文化保育・教育を「保育者が保育の過程において平等と共生、さらに人間としての尊厳のもとに、人種、民族、社会、経済階層、ジェンダー、障害等の差別にかかわる社会問題に取り組み、生涯にわたる学習の初期段階として、幼児に対し、地球市民としての資質、すなわち民主的な判断力を育成する保育実践」と定義している。「地球市民としての資質」はグローバル・シチズンンシップとほぼ同義と考えられ、SDGsにおける教育に関わるアジェンダや、目標4.7と直接的に関わる内容となっている。

　一方、日本における多文化保育・教育において、保育者・教育者が、キー・コンピテンシーを意識した保育・教育課程や指導計画を持ち、持続可能性につながる保育・教育が行われているとは必ずしも言えない。多文化保

育・教育は、その内容よりも人的環境の一形態である「多数である日本の文化と少数であるその他の文化が混在する場」という状況を示す言葉として機能する場面が多く、既存の保育の方法や多数派の利益を損なわない範囲で改善されるべき「問題」や「特別なニーズを持った対象への保育」のコンテクストから必ずしも抜け出してはいない。ESDの項で既に述べたように多文化保育・教育についても、各論的な取り組みを積みあげる以前に、保育者・教育者がその定義や課題についてしっかりと把握することが必要である。そのためにも次世代の保育者・教育者養成において、ESDや文化的多様性の受容というテーマが持つ包摂性や学際性から、それらを既存の枠組みに吸収させるのではなく、その原理や目標、実施手段等について養成課程に意識的に埋め込むことが重要と考えられる。

2. 保育者・教育者養成における多文化保育・教育の概念構築の必要性

　保育・教育の目的としての「国際理解教育」と「グローバル・シチズンシップ」は、保育・教育上の配慮としての「善意としての同化的教育」と「平等」によく似た関係を持っている。それらは全て一定の方向を目指しながら微細な要素を包含した概念であり、共に前者は後者の部分集合となっている。教育における重要な概念は多くの場合包摂的であり、そのことが精緻化されないまま抽象的な目的や理想の段階にその概念を留めてしまうリスクを負わせる。他にも例えば「環境教育」は「ESD」にむけた手段の一つであり、ESD自体ではない。「善意としての同化的教育」も「平等」を目指すための一手段であるものの、善意であるがゆえに同化的教育を平等と同義に捉え、多様性の受容を阻害することに気が付かない場合もみられる。筆者らが行った総人口に占める在日外国人の割合が比較的高い関東中核市における研究では、認可保育所に対する悉皆調査の結果、外国につながる保育を経験したことのある保育所の61.9％において、「当該児（外国につながる子ども）を周りの子どもと同じように保育する」意識を持っていることが示されている。このことは当然「平等であるべき」や「特別扱いすべきではない」といった従来の保育の価値観から来る「子どもの最善の利益」に関する善意の配

表5　多文化保育・教育に関わる子どもと保護者の権利

世界人権宣言	経済的、社会的及び文化的権利に関する国際規約(A規約)	児童の権利に関する条約
第26条	第13条	第29条
1. すべて人は、教育を受ける権利を有する。教育は、少なくとも初等の及び基礎的な段階においては、無償でなければならない。初等教育は、義務的でなければならない。（後略） 2. 教育は、人格の完全な発展並びに人権及び基本的自由の尊重の強化を目的としなければならない。教育は、<u>すべての国又は人種的若しくは宗教的集団の相互間の理解、寛容及び友好関係を増進し</u>、かつ、平和の維持のため、国際連合の活動を促進するものでなければならない。	1　この規約の締約国は、教育についてのすべての者の権利を認める。締約国は、教育が人格の完成及び人格の尊厳についての意識の十分な発達を指向し並びに人権及び基本的自由の尊重を強化すべきことに同意する。更に、締約国は、教育が、すべての者に対し、自由な社会に効果的に参加すること、<u>諸国民の間及び人種的、種族的又は宗教的集団の間の理解、寛容及び友好を促進すること</u>並びに平和の維持のための国際連合の活動を助長することを可能にすべきことに同意する。	1　締約国は、児童の教育が次のことを指向すべきことに同意する。 (a) 児童の人格、才能並びに精神的及び身体的な能力をその可能な最大限度まで発達させること。 (b) 人権及び基本的自由並びに国際連合憲章にうたう原則の尊重を育成すること。 (c) <u>児童の父母、児童の文化的同一性、言語及び価値観、児童の居住国及び出身国の国民的価値観並びに自己の文明と異なる文明に対する尊重を育成すること</u>。 (d) <u>すべての人民の間の、種族的、国民的及び宗教的集団の間の並びに原住民である者の理解、平和、寛容、両性の平等及び友好の精神に従い、自由な社会における責任ある生活のために児童に準備させること。</u> (e) 自然環境の尊重を育成すること。

*下線は筆者による

慮に基づくものと考えられる。一方でそれは「善意による同化的教育」を無意識に促す配慮とも考えられ、そうした保育者・教育者の意識が、外国につながる子どもやその保護者が持つ潜在的なニーズや、キー・コンピテンシー養成における貴重なリソースを隠蔽することのリスクを持っていることもまた留意しなければならい点と言える。

　文化的な差異から生じる諸課題は、一定の同化とトレードオフの権利擁護によって差異を不鮮明にすることで解決されるべき問題でない。また子どもと保護者は異なる文化を尊重し、相互理解するための教育を受ける権利を有している（表5）。

　幼稚園教育要領において外国につながる子どもや保護者に関する具体的な記述は見られないが、保育所保育指針においては、（二）教育に関わるねらい及び内容　イ人間関係において「⑭外国人など、自分とは異なる文化を持った人に親しみを持つ」とある。文化的背景が異なる子どもを保育の対象としてどう位置づけるのかは別の問題として、その前項に「⑬高齢者を始め地域の人々など自分の生活に関係の深いいろいろな人に親しみを持つ」とあることからも、「自分とは異なる文化を持った人」が「高齢者を始め地域の人々」と同じように保育環境の外部として想定されていると考えられる。

　多文化保育・教育のコンテクストでは、保育所の内部・外部、日本の外部・内部という2重の構造が浮かび上がる。外国につながる子どもは内部と外部をつなげるものとして、保育の対象でありながら外部から内部に新たな条件を持ち込み、保育者・教育者はそれを日々の保育・教育にどのように位置づけるのかを迫られることになる。保育者・教育者は常に子どもの最善の利益への配慮を欠かさず、職業倫理、本来業務を鑑みずとも外国につながる子どもと保護者についてもより良いサービスを提供し、エンパワメントしていこうという意識は高いと考えられる。しかし2重の壁を越えてきた外国につながる子どもは、参照すべき教育資源が少なく、多くの保育者・教育者はそれまでの教育経験を投影した対応に頼るしかない。「今までの保育を壊さない」ことや「特別扱いせずに平等に保育する」ことへの半ば必然的な意識は、保育者・教育者の持つ既存のリソースで外国につながる子どもに対

応しきれない場合、改善すべき課題を「困ったこと」と捉えることにつながる。保育・教育の対象への理解は、専門職養成において欠かせない要件であるが、現状の資格課程において取り上げられることが少なく、対象として十分に精緻化されないことで、外国につながる子どもは日本の社会や既存の保育環境に適応することを望ましいこととされ、その過程で保育者・教育者の意識の投影として子どもの実際とは違った評価を受ける傾向がある。

例えば既存の保育内容と親和性が高い外国につながる子どもの資質（造形・音楽の表現、運動、科学的リテラシー等）は、異なる文化環境における教育の成果として評価とされがちであるし、また異なる文化環境の中で求められるローカル・シチズンシップが保育者・教育者の考えるものとは一致しない場合、その影響を受けた子どもの資質（自己主張の強さ等）は、個人の持つ「気になる」あるいは「わがままな」資質と捉えられがちである。日本の子どもに対しては当たり前に想定される一人ひとりの子ども個性や、環境との相互作用で培われてきた発達のあり方は、より目に見える差異の中に隠蔽され、適切な援助・配慮の前提となる適切な子どもの姿の把握につながらない。

本来グローバル・シチズンシップにむけた内容であるはずの多文化保育・教育は、「困ったこと」への対処法のように捉えられ、宗教、言語、文化等の各論的な事例報告が本来の目的と切り離されて参照されることもある。多文化保育・教育は、持続可能な開発にむけたグローバル・コンピテンシー養成に直接関わるものであるが、双方を現在の保育・教育にどう取り入れるのかを考慮する前提として、保育者・教育者自身が対象とその背景への精緻化された理解を深め、将来のグローバル・シチズンシップの獲得にむけた道程を模索する必要がある。保育者・教育者養成における多文化保育・教育に関する概念構築として、①日本と外国を代表とした2項対立的な「内」と「外」の意識に留まり、多文化保育・教育を異文化理解や国際理解の文脈で捉える段階、②グローバルな視点での様々な文化に目を向け、「内」の特性や「外」の多様性に気づく段階、③多文化保育・教育の重要性を抽象的に理解しつつも、全ての保育の対象を今までの環境に適応することへの配慮を重ねる段

階、④文化の多様性に応じて保育・教育のねらいや子どもが将来求められるシチズンシップにも違いがあることを理解することで、多文化環境における一人ひとりの子どもへの眼差しが精緻化する段階、⑤今までの保育・教育を見直し、時に文化的差異もリソースとしながら、グローバル・コンピテンシー養成にむけて新しい保育・教育の新しい環境・内容を調整する段階等の連続的過程や段階を踏まえた専門職養成が必要と考えられる。保育者・教育者が差異を認め尊重する意識を共有しながら幼児教育においてどのようなコンピテンシーを養成すべきかを共通理解し、その方法を調整していくことで保育・教育の質的向上につなげるべきものである。

第6節 多文化保育・教育の課題と今後の可能性

　OECDの「コンピテンシーの定義と選択」（DeSeCo）」において定義づけられる「変化」、「複雑性」、「相互依存」に対応したESDのための子どもたちのキー・コンピテンシー涵養にむけて、本稿では日本における多文化保育・教育の現状と問題点とともに、持続可能な開発にむけた多文化保育・教育の有用性を示してきた。

　2010年、ドイツのメルケル首相は「多文化主義は完全に失敗した」と発言し、大きな物議を醸した。2005年の移民法施行に伴い「統合コース」の推進等、大規模な移民統合プログラムを実施したにもかかわらず、治安や経済の悪化を招いたことは、ヨーロッパ的な多文化主義に対するイメージを損ねるものでもあったかもしれない。また2015年にはEU等シェンゲン協定に参加する26か国を中心に難民申請が著しく増加し、国際連合難民高等弁務官事務所（UNHCR）の発表によれば欧州における難民申請が1年間で100万件を突破したことや、11月13日のパリ同時多発テロをはじめ、文化的衝突が色濃い複数のテロに市民が苦しんだことは、多文化主義の内包するリスクを多くの人に感じさせるものでもあった。本稿が書かれた2016年には日本においては、「公然と、生命、身体、自由や財産などに危害を加えるこ

とを告知したり、著しく侮辱したりするなど、日本以外の国や地域の出身者を地域社会から排除することを扇動する不当な差別的言動」と定義される憎悪表現を規制する「ヘイトスピーチ解消法」が成立し、法規制しなければならない差別的言動があることが明らかにもなった。世界の持続可能性が危ぶまれるこれらの状況は、同時に交絡する諸問題を各国が国際的に対処することに限界があり、SDGsに見られるようなグローバルな視点で連携可能な枠組みが重要なことを改めて知らしめた。

　カントが提唱したコスモポリタニズムは必ずしも彼岸の理想ではなく、『永遠平和のために』で「真の永遠平和は、決して空虚な理念ではなくて、われわれに課せられた課題である。この課題は次第に解決され、その目標に（同じ量の進歩が起こる期間は、おそらく次第に短くなるから）たえず接近することになろう」と述べられたように、実現すべき課題の多くを、グローバル・シチズンシップを持って全ての人が協同していくことが、持続可能な開発には必要である。「教育とは持続可能性のための最も有力な方法である。経済的技術的な解決や、政治的規制あるいは財務的動機は十分とは言えない。我々には、自分たちが考え行動することによる根本的な変化が必要である」(Bokova, 2012) とされるように、ESD等を通じた次世代育成におけるグローバル・コンピテンシー養成は、現在と未来にわたった課題解決にむけて不可欠なものである。相対的に同一性の強い社会を持つ日本は、グローバルな視点を持ち、多様性を受容し、キー・コンピテンシーを養う上ではリソースが少なく、多文化保育・教育が帯びる重要性は今後ますます増していくと考えられる。同時にまた少子高齢化等、同一性が高い故に解決困難な諸問題について取り組む上でも、多文化保育・教育の文脈で保育者・教育者が対象を新たな視点で理解し、内容を改善することで保育・教育の質的向上を図っていくことが、あらゆる分野のあらゆるレベルの持続可能性に求められているのである。

　多文化保育・教育の持つ可能性を広げ、保育・教育の質を向上させるために、以下を提言することで結びとしたい。

・「生きる力」や「キー・コンピテンシー」を保育者・教育者が意識し、旧来の教科教育に基づく学力養成型アプローチだけではなく保幼小に通底した新たなコンピテンシー養成型アプローチへ転換する。

・環境教育や国際理解等の既存の取組みにESDという新たなラベリングを行うことに留まらず、あらゆる分野に関わる持続可能な開発について、保育者・教育者が精緻化された概念を理解し、各分野の教育の一貫性やそれぞれの位置づけを明確にする。

・多文化保育・教育の目標をローカル・シチズンシップのみではなくグローバル・シチズンシップ養成へと位置づけ、現在と将来にわたった持続可能な開発への子ども自身の参画を目指す。

・多文化保育・教育において少数者への権利擁護や同化主義的な社会適応を目指すのではなく、全ての子どもが培うべきコンピテンシーについて関係者が意識を共有し、時に少数者自身をリソースと捉えながら、子ども自身の参画や子ども同士の相互作用を促すべく保育・教育の環境を調整する。

・保育者・教育者の養成課程において、学生が「生きる力」や「キー・コンピテンシー」養成における就学前教育の重要性を理解し、ESDの概念を精緻化するために、原理的な教育とともに各分野がESDにどう位置付けられるのかを、各科目担当者が連携しながら教育内容を検討する。

参考文献

Angela Merkel declares death of German multiculturalism, *The Gardian*, 17, October 2010.

Banks, James A.（1986）*Multicultural Education in Western Societies*, Praeger.

バンクス，ジェームズ・A（1999）「学校改革と集団間教育」『入門 多文化教育』平沢安政訳、明石書店

Crossette, Barbara (2010) *State of World Population 2010: From Conflict and Crisis Renewal: Generations of Change*, United Nations Pubns.

萩原元昭（2008）『多文化保育論』学文社

ヘルド，D.（2002）『デモクラシーと世界秩序——地球市民の政治学』佐々木寛・遠藤誠治・小林 誠・土井美徳・山田竜作訳、NTT出版

堀田正央（2010）「日本語を母語としない保護者を持った子どもの保育環境に関する研究：K市の事例を中心に」『埼玉学園大学紀要』第10号人間学部篇、133-151頁

法務省：在留外国人統計（旧外国人登録統計）統計 http://www.moj.go.jp/housei/toukei/toukei_ichiran_touroku.html（2016年5月19日参照）

厚生労働省：人口動態統計 http://www.mhlw.go.jp/toukei/list/81-1a.html（2016年5月19日参照）

文部科学省国際統括官付日本ユネスコ国内委員（2016）『ESD（持続可能な開発のための教育）推進の手引』

OECD (2005) *THE DEFINITION AND SELECTION OF KEY COMPETENCIES Executive Summary.*

咲間まり子（編）（2014）『多文化保育・教育論』みらい

テイラー，チャールズ（2002）『マルチカルチュラリズム』岩波書店

UNESCO (2005) *United Nations Decade of Education for Sustainable Development 2005-2014: International Implementation Scheme.*

UNESCO (2014) *Roadmap for Implementing the Global Action Programme on Education for Sustainable Development.*

UNESCO (2014) *Shaping the Future We Want: UN Decade of Education for Sustainable Development 2005-2014 FINAL REPORT*, United Nations Educational, Scientific and Cultural Organization.

第4章 リスク・センスを働かせた「生きる力」を育む

渡邊 光雄

　わが国では、国民の「生存権」を保障した日本国憲法第25条の規定を踏まえ、国民の「生きる」権利を前提とする「教育を受ける権利」が同第26条で規定される（市川・他，2016）。そして、「生きる力」の育成が、平成10、11年の小・中・高等学校の学習指導要領改訂以降、わが国の学校教育で、「変化の激しいこれからの社会を生きるために、確かな学力、豊かな心、健やかな体の知・徳・体をバランスよく育てる」こととして全面的に受け継がれている（文部科学省，2011a；文部科学省，2011b）。また、幼稚園教育及び保育の幼児教育では、「生きる力の基礎」が育まれている（厚生労働省，2008；文部科学省，2008）。

　日本国民としての子ども達は、今日、憲法で保障された「生存権」を前提とする「教育を受ける権利」を発揮しながら、学校教育を通して「生きる力」を育まなければならない。この時、子ども達の「生きる力」は、「生存権」を前提として一定水準以上の健康で文化的な社会生活をいとなむ力となる。ただし、現代において、その社会生活は、子どもも学校教育関係者もその歴史の上でこれまで経験したことのない「生きる力」を求めるものとなっている。「確かな学力」「豊かな心」「健やかな体」（「知・徳・体」）に加え、自らの社会生活で起こり得る「危機的状況」を自ら回避し克服できるリスク・センス（危機感受性：risk perception）を働かせた「生きる力」が求められている。

1970年代以降、徐々に登場してきた今日の情報社会（高度情報通信環境）では、情報漏洩や悪質情報弊害、そして、企業情報操作・管理ミス等による事故等の「危機的状況」に、子どもを含む社会構成員の日常生活や生命までもがつねに晒されるようになった。この状況下で、学校教育関係者は、歴史上未経験の学校教育のいとなみとして、リスク・センスを働かせた「生きる力」の育成を行なわなければならなくなってきている。

子ども達は、現代の高度情報通信環境の下で、将来どのような職種に就くにしても、自らの情報ネットワーク活用能力を発揮し、最先端の専門的知識技能を自ら取り込んで自らの業務遂行を選択できる状況に置かれている。その意味において、どのような子どもも、将来、専門的業務従事者になり得る存在であると言うことができる。ただし、その専門的業務従事者はそれぞれの業種固有の「危機的状況」に晒されているため、子ども達は、事前に、それを乗り越えて生き抜く力、即ちリスク・センスを働かせた「生きる力」を育んでおかなければならない。

以下では、リスク・センスを働かせた「生きる力」を育むことがどのようなものであるのかということについて、その背景となる人権保障及び福祉に基づく学校教育のあり方等を踏まえながら考えてみることにする。

第1節　学校教育の理念——人権保障及び福祉

「生きる力」の育成が社会全体の共通のいとなみとして考えられる時、まず、「生存権」を前提とする「生きる力」の育成が学校教育の理念として位置づけられる状況を窺うことができる。そこには、人権保障及び福祉の機能を発揮する学校教育の理念の有り様が見られる。それは、次に示すように、初等・中等教育における各学校段階の教育的指導自体が幼児・児童・生徒の人権（人間の尊厳）を損なわないようにするために、歴史的に求められてきた学校教育の理念に他ならない。

第4章　リスク・センスを働かせた「生きる力」を育む

1. 単線型公教育制度の理念

　人権保障及び福祉の機能を発揮する学校教育の理念は、米国社会で構築された単線型公教育制度の学校教育の理念に典型的に見られる。米国は、その建国以来の歴史を通して、「善良な市民の育成」のための「すべての人々に開かれた単線型公教育制度の理念」、即ち「教育の初等段階から高等段階に至る機会均等の理念」を実現してきた。その単線型公教育制度は、初等教育段階のコモン・スクール、中等教育段階のジュニア・ハイスクール及びハイスクール、高等教育段階のカレッジからなる制度であり、そこで標榜される教育理念をそのまま米国の学校教育の理念とした。この学校教育の理念は、幼児・児童期から青少年期に至る米国市民に公平・公正に開かれた教育制度機能のあり方を示した。そして、それは、近代学校教育の歴史の原点に位置づけられる人権保障及び福祉としての教育の考え方を表していた（Butts & Cremin, 1953, pp. 564-565）。

　単線型公教育制度は、学校教育制度史において、米国生まれの単線型学校制度という言い方に置き換えられ得るものでもある。そして、この単線型学校制度には、ヨーロッパの伝統的な複線型学校制度が対比される。それは、エリート養成のための初等・中等・高等教育のコース、実務者養成のための初等・中等教育コース、庶民のための初等教育コースというように、複数の学校教育コースを並置させたものであり、社会構成員すべてに公平に開かれた仕組みになってはいない。その点で、複線型学校制度は、人権思想に基づいて社会構成員すべてに公平に開かれたものとして歴史上登場してはいない。

　「生きる力」の育成は、複線型学校制度ではなく単線型学校制度、即ち単線型公教育制度の下で繰り広げられてきたものであり、そこに本来の姿を現している。

2. 教育本来の機能としての人権保障及び福祉

　単線型公教育制度の学校教育理念を人権保障及び福祉の機能の発揮として捉える時、その機能の発揮は、人間が人間として「生きる」ことの保障とそ

の条件整備に他ならない。

　人権保障は、動物として生まれた人間が社会的かつ理性的な人間になることの保障を意味し、その保障の働きは、教育のいとなみに大きく依存する。このことの裏づけは、よく言われる通り、17世紀の近代教育学創始者の一人であるコメニウス（J. A. Comenius）の「人間は教育されなければ人間になることができない」という言い方（Ahrbeck, 1957, p. 81）に見られ、また、18〜19世紀の有名な哲学者カント（I. Kant）の名言とされる「人間は教育によってはじめて人間になることができる」という言い方（カント, 1976, 15頁）に見られる。そして、それらの言い方が論理学上の「裏」の関係で具体的に示されたものとして、人間社会の下で教育されなかった野生児が人間社会の一員になれないという「アヴェロンの野生児」の実話報告がある（イタール, 1975）。

　こうした人権保障の働きとしての教育のいとなみに関する肝要な点は、その実現にある。その教育のいとなみの実現は、国家のような人間社会の組織体による環境条件整備によってはじめて可能となる。この環境条件整備は、公的な教育のいとなみであり、人間社会の組織体（国家）によって、動物的な人間が自らの尊厳を発揮して一定水準以上の社会生活を送る人間になることを実現する福祉のいとなみに他ならない。この考え方は、福祉としての教育を必然とする教育福祉論になると言うことができる（持田・市川, 1975）。

　この教育福祉論は、歴史上、英国の産業革命期以降の庶民のための義務教育制度成立の歩みに見られる。そこには、産業革命による少年労働者の過酷な労働環境を改善する「少年労働者の保護と教育」の運動の展開が刻まれている。1833年には、満9歳未満の子どもの雇用禁止や18歳未満の子どもの夜間作業禁止及び労働時間規制等を定めた「工場法」の英国議会における成立が記される（梅根, 1955, 279-318頁）。同時期に、教育史上有名なオーエン（R. Owen）は、自ら支配人として紡績工場に保育所や学校（「性格形成学院」）を附設し、「人道主義」の立場から「生活と労働の健康な環境」を整え、「労働条件の改善」と「労働者及びその子供たちの教育」を行い、そして、「貧困と社会悪を根絶」することに情熱を注いでいた（オーエン, 1963）。

こうした「少年労働者の保護と教育」の運動の結果として、1918年の完全な義務教育制度の実現、即ち14歳までの子どもの工場労働禁止をともなった9ヵ年義務教育制度の実現が伝えられている（梅根，1955，342-343頁）。

　英国における産業革命期以降の学校教育のいとなみは、工場労働力としての子ども達への福祉政策の一環であり、学校教育それ自体の福祉の働きを示していた。そして、この働きは、米国生まれの単線型公教育制度の原点に位置づけられるものでもあった。

第2節　「国」の「教育権能」に支えられた人権保障及び福祉としての教育と学校教育における「体罰」禁止規定

　上記の教育福祉論、そして、前記の人権保障としての教育の考え方、即ち教育人権保障論は、時代社会の人々に学校教育を遍く行きわたらせる公教育制度成立の原点に位置づけられる。このことは、前述のように、米国の単線型公教育制度の成り立ちに典型的に見られる。そして、そこでの学校教育の理念は、日本国憲法第25条の「生存権、国の生存権保障義務」と第26条の「教育を受ける権利、教育を受けさせる義務、義務教育の無償」の両規程にも見られる（市川・他，2016）。「生存権」を踏まえた第26条の「すべて国民」が基本的に「ひとしく教育を受ける権利を有する」という規定は、わが国の「教育」が人権保障及び福祉の両機能を含むものとして、米国における「すべての人々に開かれた単線型公教育制度の理念」に匹敵する。

　ただし、そこには、重要な留意事項がある。それは、憲法第26条の「教育」が、民法第820条の「親権を行う者」の「子の監護及び教育をする権利」に基づいた「親」の「権利」として認められるものの、その「権利」の及ぶ範囲が法制上「学校外」に定められると解釈されていることである。「教育権」は、本来「親」に属し、その下で「子どもの教育に対する支配」の「自由」（「教育の自由」）が認められる。しかし、それは、以下で示されるように、「家庭教育等学校外における教育や学校選択の自由にあらわれる」ものとされる。そして、学校の中の教育は「国」の力（「教育権能」）に委ね

られる（最高裁判所，1976）。

1.「国」の「教育権能」による学校教育の理念の実効性

　わが国では、法制上、「教育」の「権利」は「親」に属するが、それにともなう「自由」は制限される。最高裁判所は、「学校」内の「教育」、即ち近代以降の学校教育が、「親」の能力の範囲を遥かに超えており、学校教育に対する「国」の能力（「教育権能」）を以ってはじめて対処可能になることを指摘する（最高裁判所，1976）。また、教育基本法第10条の「父母その他の保護者」に「子の教育について第一義的責任」を負わせる規定は、「親」の「教育権」に支えられるが、同第16条及び同第17条の「教育」への「国」の積極的な関与（「教育振興基本計画」の策定）の規定は、「国」の「教育権能」に支えられる（市川・他，2016）。ここにおいて、「親」の「教育権」は「学校外」に適用され、その「自由」は、「家庭教育等学校外における教育や学校選択の自由」に制限されることになる。

　わが国の初等・中等教育の各学校段階において人間の尊厳を損なわないようにする学校教育の理念は、「国」の「教育権能」によって実効的に発揮される。実際には、憲法及び教育基本法の下での関係法規を通して発揮されることになる。その学校教育の理念には、日本社会を構成するすべての人間に対する人権保障及び福祉を実効的にする役割が課せられている。そして、その理念は、初等・中等教育の各学校段階の教師に対して子ども達につねに公平・公正に（矯正によって人間の尊厳、即ち人権を損なうことなく）対応させる教育的指導行動規範として位置づけられる。

　このような人権保障及び福祉を理念とする学校教育が現実の学校で繰り広げられる時、そこでは、「体罰」禁止規定が不可欠とされる。今日、「体罰」禁止規定は、以下で記されるように、単線型公教育制度の理念が発揮する人権保障及び福祉の機能（人間が人間として「生きる」ことの保障及びその条件整備）をその内面から支える重要な働き（実効機能）を施している。

2. 人権保障及び福祉としての教育の実効性を支える「体罰」禁止規定

　今日、わが国の学校教育で子どもをその指導に隷従する存在に貶めて人間としての尊厳（人権）を損なう「体罰」等の行為が法的に禁止されていることは、言うまでもない。しかし、現実の学校教育では、法的に許される「懲戒」の名の下に、度の過ぎた「懲戒」やそれを越えた「体罰」が払拭されていない状況が見られる。

(1)「体罰」と見なされる「懲戒」の禁止

　「教育権能」を果たす「国」（文部科学省）は、公教育の「規範性や社会性の育成」に必要とされる「懲戒」が「肉体的苦痛をあたえるようなもの」である時、それを「体罰」と見なして禁じている（文部科学省, 2013）。「教育上必要がある」という理由による「殴打」のかたちの「懲戒」は、司法判断により「暴行」と見なされ、そこでは、「殴打の動機」が「愛情」にあっても、それは、「基本的人権尊重」を「基調」とする点から認められていない（大阪高等裁判所, 1955）。学校教育界でも時に承認されがちな「愛のムチ」に対する法的な否定が、ここに見られる。

　この「懲戒」それ自体は、わが国の小・中・高等学校各教育段階で「児童生徒の自己教育力や規範意識」を育むいとなみとして認められている（学校教育法第11条；文部科学省, 2007）。そして、「懲戒」の一環としての「有形力（目に見える物理的な力）の行使」については、それが「体罰」になりやすいため、慎重な対応が求められている（文部科学省, 2007）。「国」の果たす「教育権能」は、人権保障及び福祉としての教育を顕在的に損う「体罰」行為の法的禁止措置を施し、その措置の遵守を学校教育関係者に求めるのである。

　今日、学校教育におけるこの「体罰」禁止規定は、それが子どもの人権保護のためのものであることは言うまでもない。それと共に、この規定は、以下に記す通り、人類が歴史的に培ってきた近代的子ども観を学校教育関係者から喪失させないための歯止めにもなっている点に、重要な存在価値がある。

(2) 「体罰」禁止規定の存在価値―中世的な子ども観「小さな大人」への逆行の抑止―
　学校で子どもに「肉体的苦痛を与える」ことを禁じている「体罰」禁止規定（学校教育法第 11 条：市川・他 2016, 95-97 頁）は、子どもの人権保護のためであると共に、人類の歴史的所産である近代的子ども観を学校教育関係者に守らせるためのものでもある。
　この「体罰」に関して、古代から中世に至るヨーロッパ世界の「子どもの教育の歴史」は、教師の意に反した子どもに「肉体的苦痛」を「体罰」として与えることが学校教育の日常的行為であったことを今日に伝えている。そして、そのことと合わせて、当時の日常的な「体罰」行為を当然視させる子ども観があったことをも伝えている。そこには、「小さな大人」として子どもを捉える中世的な子ども観が見られた。そのことは、当時の児童期の子どもが「大人の仲間入り」をさせられ、「大人の礼儀作法と大人びたことば使い」を強いられていたことなどを通して解釈されるものであったとされる（江藤・篠田・鈴木，1999, 10-12 頁）。
　近代以降、諸学問そして諸科学の発展を背景にした児童心理学等の出現により、子どもを「小さな大人」とする中世的な子ども観は、「大人」と違う子ども固有の世界を内容とする近代的子ども観に置き換えられた。そして、子どもへの「体罰」等の「肉体的苦痛」による強制を禁じた人権保障及び福祉としての近代学校教育が登場した。
　このように、中世社会には、子どもが「小さな大人」と見なされるからこそ、子どもへの「体罰」が当然視される状況があった。現代社会においても、時に、近代的子ども観を理解した「大人」が、激昂に任せて自ら潜在させる中世的な子ども観を顕在化させ、「体罰」に走っている。学校教育場面においても、これに類することが見られる。子どもへの「体罰」の行為は、子どもを「小さな大人」と見なす中世的な子ども観がその行為者に潜在することを窺わせる。「体罰」禁止規定は、子どもの人権を保護するためのものであることはもとより、近代学校教育を登場させた子ども観を中世の子ども観に逆行させないようにするためのものとなっている。

このような「体罰」禁止規定は、子どもが子どもとして生きることの尊厳を承認する近代的子ども観に支えられたものとして、「生存権」を前提とする子どもの「生きる力」の育成を強く支えている。ただし、そこには、子どもを「大人」の下位に位置づけた子ども観が窺われる。近代的子ども観は、子どもを、限りなく幅の広い生き方（無限の生きる方向性）を内に秘めさせた存在として捉えているが、その存在はいずれ「大人」という存在（限定された方向のものに精通して生きる存在）に置き換えられるべきものとされる。

しかし、現代社会でリスク・センスを働かせた「生きる力」の育成が考えられる時、この子ども観は、修正されなければならない。その修正は、かつて、サン゠テグジュペリの名作『星の王子さま』で訴えられていたものでもあると言うことができる。そして、その訴えは、以下で示されるように、今日の認知科学的知見に裏づけられていた。

第3節 「星の王子さま」のものごとの捉え方と「トップダウン情報処理」による「生きる力」

1.「おとな」になると失われる「星の王子さま」のものの見方

サン゠テグジュペリの名作『星の王子さま』は、人が「細部のリアリティー」を事象として捉える時、「心のなかの世界」を通してそれを行うことの重要性を「昔の子ども」である読者に訴えていた（水本，2002；サン゠テグジュペリ，2005）。そこには、ものごとを多様に捉える人間本来の姿（認知・情意・精神運動の諸機能すべてを発揮させてものごとを捉える人間像）を失った「おとな」に対する「星の王子さま」の強い憂えが綴られていた。

同名作において主人公である「ぼく」は、自分の操縦する飛行機が砂漠で故障し、そこで「星の王子さま」と出会った。そして、心を通じ合えた「王子さま」と一緒に「飲み水」を探し歩いて夜になった時、「月の光」を浴びた一面の「でこぼこの砂」の山並みの中に「ひっそりと光っている」「砂」を目にする。この時、「王子さま」が「砂漠が美しいのは、どこかに井戸をかくしているからだよ……」と言う。それに対し、「ぼく」も「美しいと

ころは、目に見えないのさ」と応える。「ぼく」と「王子さま」のこのやり取りは、名作『星の王子さま』において、「この作の絶頂」であると評される箇所になる（サン＝テグジュペリ，2005，103-106，139 頁）。

　砂漠の中でのこの「井戸（いど）」の発見場面は、それが日常感覚的には「唐突な印象」を与える「何とも不思議な話」であるにしても、「危機的状況」の下でも「心のなかの世界」を通して「細部のリアリティー」の事象を捉えることの重要性を訴えている。そして、「隠れた井戸が表面の砂漠の見え方に影響を及ぼしているということ、つまり目に見えないものが見えるものの印象を左右しているということ」から、「心のなかの世界」を通して砂漠を捉えない限り、「ぼく」が「井戸」を発見できなかったことを指摘している。「危機的状況」の下でこそ「心で見なければ、物事はよく見えない、肝腎（かんじん）なことは目に見えない」という「人間生活のほんとうの美しさ」の捉え方が見られる（水本，2002，136-137 頁：サン＝テグジュペリ，2005，139 頁）。

　サン＝テグジュペリの名作『星の王子さま』に関して、「この童話を越えた童話を書いた作者」は、「つまるところ、大人（おとな）という大人に、かつての子供（こども）ごころを取り戻させ」ようとしたと見なされる（サン＝テグジュペリ，2005，138 頁）。「星の王子さま」そして「ぼく」は、「危機的状況」の下で「おとな」の「目には見えない」ような「肝腎なこと」を「心のなかの世界」で見ている。ここには、「目に見えないもの」「肝腎なこと」を「心のなかの世界」で見ることのできる「子ども」が、それをなし得ない「おとな」になることに対し、強い懸念が表明されている。「危機的状況」の下でも「肝腎なこと」を見いだすことのできる人間本来の姿が「おとな」よりも「子ども」の存在にあることを、「王子さま」「ぼく」そして作者サン＝テグジュペリは強く訴えていた。

2.「危機的状況」の下でも「心のなかの世界」を通して「細部のリアリティー」の事象を捉える「星の王子さま」の「生きる力」

　サン＝テグジュペリの『星の王子さま』の話において、作者の分身である主人公の「ぼく」は、自ら操縦する飛行機が故障のために「サハラ砂漠」に

不時着して「生きるか死ぬか」の「危機的状況」にあった。「ぼく」は、その時に出会った「星の王子さま」から「生きる力」を与えられ、鋭い観察力を以って生き抜くことができた。このことは、作者サン＝テグジュペリ自らの度重なる北アフリカ飛行経験を踏まえたものであった。同作者は、自ら「おとな」、即ち飛行機乗りという専門的業務従事者として、「子ども」の心（「危機的状況」の下でも生き抜くことのできる人間本来の心）に支えられた「生きる力」が如何に大切であるのかという経験を踏まえていたということになる（サン＝テグジュペリ，2005, 10, 127, 138頁）。

『星の王子さま』の話に出てくる「王様」「実業屋」「点燈夫」「地理学者」（それぞれ特定の方向に限定された専門分野に深く精通して生きる「おとな」）は、「王子さま」との対話で自らの仕事への取り組みの「肝腎なこと」に触れることができた。サン＝テグジュペリの分身の「ぼく」（専門的業務従事者）も、砂漠における「危機的状況」の中で、「王子さま」と心を通わせることにより、生き抜くことができた。このことは、自らの「危機的状況」に敏感に対処するリスク・センスを働かせた「生きる力」によるものでもあった。

『星の王子さま』の作者サン＝テグジュペリは、現代社会の「おとな」にも、「王子さま」のような「子ども」の心（リスク・センスを潜在させた心）を抱きながら自問自答して自らの仕事（専門的業務）に従事して欲しいと願っていたに違いない。同作者は、この「子ども」を、「おとな」に対して劣位ではなく同等に位置づけ、「おとな」の劣位に「子ども」を位置づけた近代的子ども観の修正を試みていたことになる。そして、このような「子ども」の「生きる力」が、以下に示すように、今日の認知科学的知見に裏づけられるものでもあるところに、サン＝テグジュペリの洞察力の深さが見受けられる。

3.「心のなかの世界」を通して「細部のリアリティー」の事象を捉えることを裏づける「トップダウン情報処理」

サン＝テグジュペリは、『星の王子さま』の話を通して、「王子さま」に代表される「子ども」の心がリスク・センスをも働かせた人間本来の心のあり

方であるからこそ、「おとな」にその心を抱いてほしいと願っていた。その心は、人間が、如何なる環境条件下でものごとを捉えるにしても、その人間自身の「心のなかの世界」を通してものごとの「細部のリアリティー」の事象を捉えるいとなみであった。このことは、今日、人間のもつ認知・情意・精神運動の諸機能を統合的に発揮したものごとの捉え方に関する認知科学研究の成果に裏づけられている。

今日、認知科学では、人間がある事象（「細部のリアリティー」の事象）を捉えて記憶する時、その事象を成り立たせている記号・言語・論理・形態・コンテクストと共に、その事象にともなう意味や価値、そして、記憶時点での記憶者自身の情動とその情動の関連事項をも記憶することが分かっている。また、その知的記憶の活性化が記憶時の情動の記憶の活性化と共に行われることも分かっている（Bower, 1981）。

人間のものごとの捉え方におけるこうした記憶に関しては、その特性を踏まえた認知モデルとそのモデルを踏まえた認知情報処理理論がある。認知モデルは、「細部のリアリティー」の事象を構成する記号・言語・論理などの細かな情報の記憶、即ち「逐語記憶」（verbatim memory）と感情（情動）・価値・意味などの概括的な情報の記憶、即ち「主旨記憶」（gist memory）」が同一次元（「心のなかの世界」）で行われるという「二重記憶モデル」（dual-memory model）と呼ばれる。そして、この「モデル」を踏まえ、概括的であるゆえに曖昧性の強い「主旨記憶」の活性化をベースにした「逐語記憶」の活性化による人間の認知情報処理（「心のなかの世界」のいとなみ）が行われるという「ファジー・トレース理論」（fuzzy-trace theory）がある。「二重記憶モデル」や「ファジー・トレース理論」は、人間のものごとの捉え方の端緒が、「おとな」及び「子ども」の「心のなかの世界」におけるものごとの細部及び全体像の双方からの情報とそれぞれにともなう情動の情報の無意識的な同時並行処理にあることを示している。これらの情報の無意識的な同時並行処理は、「トップダウン情報処理」と呼ばれ、人間は、それによって構成される「心のなかの世界」を通して如何なる環境条件下の「細部のリアリティー」の事象をも捉えることになる（Goodale & Milner, 2004；Reyna, Lioyd

& Brainerd, 2003)。

第4節 「危機的状況」の下でも「心のなかの世界」を通して「細部のリアリティー」の事象を捉えることのできる「生きる力」の育成

　これまで見てきたように、「生存権」を前提とする「生きる力」の育成は、歴史的に登場した人権保障及び福祉の機能を発揮する学校教育の理念の有り様として、単線型公教育制度（単線型学校制度）の下に位置づけられてきた。今日、単線型公教育制度下の「体罰」禁止規定は、中世的な子ども観への逆行に歯止めをかけ、「生存権」を前提とする「生きる力」の育成を強く支えている。ただし、そこに見られる子ども観には、『星の王子さま』の作者サン＝テグジュペリが求めたような認知科学的知見に裏づけられた修正が求められる。それは、如何なる環境条件の下であっても「心のなかの世界」を通して「細部のリアリティー」の事象を捉える力（「危機的状況」をも克服する「生きる力」）のそなわった新たな子ども観への修正である。そして、その子ども観は、そのまま「おとな」に適用され得るものであった。そこに、「子ども」と「おとな」のそれぞれの場合の区別のない「星の王子さま」の心というリスク・センスを働かせたものの捉え方が提示されている。
　このことは、子ども達を現代社会に巣立たせる学校教育関係者が留意すべきものでもある。現代社会において、如何なる子どもであっても将来成り得る専門的業務従事者は、自らの職種における仕事上の「危機的状況」を防ぐために、リスク・センスを働かせた「生きる力」を身につけなければならない。この「生きる力」は、「星の王子さま」のように、つねに「心のなかの世界」を通して「細部のリアリティー」の事象（専門的業務の事象）を捉えることによって繰り広げられる。そして、その「生きる力」は、専門的業務従事者の子ども時代から培われなければならないものでもある。
　以下では、今日の専門的業務従事者が実際に陥った「危機的状況」の事例を通して、リスク・センスを働かせた「生きる力」の育成のあり方を考えてみたい。

1. 専門的業務従事者に必要な「生きる力」の育成

「危機的状況」の中で「心のなかの世界」を通して「細部のリアリティー」の事象を捉えることのできる「生きる力」の育成は、「危機的状況」の克服に必要な「トップダウン情報処理」によるリスク・センスを働かせた「生きる力」の育成を意味する。そのような「生きる力」が育まれていない専門的業務従事者は、時に、不慮の事故等の「危機的状況」を乗り越えられないことになる。

(1) 専門的業務従事者が陥った「危機的状況」の事例

①核燃料事業所における専門的業務従事者の「無意図的誤り」による「危機的状況」

1999年、ある核燃料事業所で核燃料関連の専門的業務従事者が起こした深刻な臨界(核反応)事故(「危機的状況」)について、詳細な報告がなされている。そこにおいて、この事故の発端は、核燃料を取り扱うごく限られた専門的業務従事者の「不安全行動」(「本人または他人の安全を阻害する意図をもたずに、本人または他人の安全を阻害する可能性のある行動が意図的に行われたもの」)にあるとされた(岡本・今野, 2003, 3-36, 252頁)。

上記の報告によれば、核燃料取り扱いに関して、国の定める明確な「臨界安全基準」があったにもかかわらず、1993年以降、同事業所の経営悪化の状況下で専門的業務従事者の核燃料取り扱いに関わる「不安全行動」が徐々に常態化し、数年を経過した時点で臨界事故が引き起こされたというのである。そして、その事故は、臨界の可能性を意図することなしに、精製ウランを溶解させる時間と手間を省く「工夫」が行われたことによる事故(「無意図的誤り」)であったと結論づけられている。そこにおいて、この事故は、精製ウラン溶解作業に関わる専門的業務従事者が「不安全行動」への認識を事前に抱いてその行動を拒む意思決定力を発揮していたならば、回避されるものであったと見なされていた(岡本・今野, 2003, 3-36頁)。

この「不安全行動」への認識は、専門的業務従事者が自ら繰り広げる行為とそれによって引き起こされる可能性のある危険な詳細事象を事前に自ら

第4章 リスク・センスを働かせた「生きる力」を育む

イメージする（「心のなかの世界」を通して「細部のリアリティー」の事象を捉える）という「トップダウン情報処理」に他ならない。上記の事故は、専門的業務従事者が「危機的状況」の克服に必要な自らの「トップダウン情報処理」を欠いたままのリスク・センスの働かない「生きる力」から起きたと言うことができる。

②大手乳業における専門的業務従事者の「無意図的誤り」による「危機的状況」

　2000年、ある大手乳業で起きた大規模な乳製品食中毒事故（「危機的状況」）の原因についても、詳細な報告がなされている。それによれば、この大規模食中毒事故の原因は、製造ラインの仮設配管等の不十分な洗浄による黄色ブドウ球菌毒素エンテロトキシンの発生とその増殖を促進する環境条件の生成にあったという。即ち、この毒素は熱に強いため、その除去は洗浄によらなければならなかったが、その洗浄を怠るという「食品衛生の安全意識」の欠如による大規模な中毒事故であったというのである（岡本・今野，2003，37-45頁）。

　この大手乳業では、毒素のエンテロトキシンについて、「高温殺菌すれば問題ないと思った」という「安全」への「無意図的」なリスク・センスの鈍さが企業組織構成員としての専門的業務従事者の間に広まっていた。その結果、大規模食中毒という誤りが引き起こされたとされる。そこでは、自らが企業組織構成員であるがゆえに「高温殺菌」を「安全意識」の常識とした専門的業務従事者に、「熱に強い毒素が発生している場合の危険性を低く見積もる」状況が見られ、いわゆる企業組織人としてのリスク・センスが働いていなかったというのである。従って、この大規模中毒事故（「無意図的誤り」）は、大手乳業の企業組織構成員としての専門的業務従事者のリスク・センスが働いていれば回避できるものであったということになる（岡本・今野，2003，53-54頁）。

　この場合のリスク・センスも、前記の臨界事故対応の場合と同様に、専門的業務従事者が企業組織構成員として繰り広げようとする自らの行為とそれが被る可能性のある「危機的状況」を事前にイメージする（「心のなかの世界」

を通して「細部のリアリティー」の事象を捉える)という「トップダウン情報処理」に他ならない。上記の事故は、企業組織構成員である当該の専門的業務従事者の「危機的状況」の克服に必要な「トップダウン情報処理」を欠いたままのリスク・センスの働かない「生きる力」から起きたと言うことができる。

③金融業や製造業における専門的業務従事者の「無意図的誤り」による「危機的状況」

　上記の専門的業務従事者が犯した「無意図的誤り」による「危機的状況」とその原因の他にも、次に記すように、金融業や製造業で同様のことがらが起きている。

　2002年、大手三つの銀行の経営統合で起きた大規模な長期の情報システム障害事故は、それまでの豊富な金融業経験から生じた専門的業務従事者の「過剰な自信」が原因とされた。また、2004年、東京都内の高層ビルで起きたヨーロッパ製の自動回転ドアによる6歳児死亡事故では、日本の国内状況に合わせたヨーロッパ製回転ドア設計変更時のヨーロッパ固有の設計理念(「対立情報」)に対する日本側の認識不足が事故原因とされた（畑村, 2007）。

　こうした事故の原因には、情報システム設計あるいは自動回転ドア設計（変更）のそれぞれを取り扱う専門的業務従事者が事前に行うべきイメージづくり(「心のなかの世界」を通して「細部のリアリティー」の事象を捉えること) 即ち「トップダウン情報処理」の欠如があったと見なされる。これは、複雑な情報システム全体をさまざまな側面から事前に行うべき安全性確保のイメージづくり、あるいは、自動回転ドアに対する日本側の専門的業務従事者が行うべき安全性確保のイメージづくりがそれぞれ欠如していたということでもある。これらの事故(「無意図的誤り」)は、専門的業務従事者がそれぞれの職場で「危機的状況」の克服に必要な「トップダウン情報処理」を欠いたままのリスク・センスの働かない「生きる力」から起きたものと見なされ得る（畑村, 2007；日経ものづくり, 2005）。

(2) 専門的業務従事者における「無意図的誤り」の自制に基づいた「生きる力」の育成

　上記では、専門的業務従事者の「危機的状況」の克服に必要な「トップダウン情報処理」の欠如ゆえに生じた「無意図的誤り」として、(ⅰ) 核燃料事業所内の「不安全行動」による臨界事故、(ⅱ) 大手乳業組織構成員ゆえのリスク・センスの鈍磨による大規模食品中毒事故、(ⅲ) 大手金融業内での「過剰な自信」による大規模情報システム障害事故、(ⅳ) 製造業での「対立情報」認識不足による自動回転ドア死亡事故が取り上げられた。

　これらの事故は、各専門的業務従事者における「危機的状況」の克服に必要な「トップダウン情報処理」（「心のなかの世界」を通して「細部のリアリティー」の事象を捉えること）の欠如から生じており、そこに、同従事者の「生きる力」の弱さが窺われる。ただし、それらの事故からは、以下に記すように、それぞれの専門的業務従事者のリスク・センスを働かせた「生きる力」の育成に必要な情報の提供という教訓が得られる。

① 「不安全行動」を自制するための「ヒヤリハット経験」によるリスク・センスを働かせた「生きる力」の育成

　核燃料事業所の臨界事故は、核燃料を取り扱う専門的業務従事者の「不安全行動」から生じていたとされる。そのため、同従事者が自らの専門性に責任をもって「生きる力」を発揮するには、この「不安全行動」を自制できなければならない。

　今日、事故防止のための「ルール」を「理解していても守らない」という人の「不安全行動」に対しては、認知科学的知見に基づき、「ヒヤリハット報告」による防止策が広く施されている。それは、当該事故に関連する当事者の「ヒヤリハット」した過去の経験（実際の未然事故発生寸前の危険な経験：ニアアクシデント）をその時の感情と共に当事者に報告させる（結果的に自分の感情を自覚させる）「ヒヤリハット報告」である。そこにおいて、人々は、当該事故の「イメージ」をより鮮明にして「将来の危険な状況」に対する「リスクを回避する判断」を行いやすくし、リスク・センスを働かせることができるようになると見なされる（岡本・今野，2003，264-270頁）。

②組織構成員としてリスク・センスを働かせることによる「生きる力」の育成

　大手乳業の大規模食中毒事故では、乳製品製造に携わる自らのいわゆる企業組織人としての専門的業務従事者のリスク・センスが働かず、専門的業務従事者個人のレベルと共に企業組織全体のレベルでもリスク・センスの鈍磨が見られたとされる。

　認知科学では、組織集団で行う判断には個人レベルの判断とは異なる作用が働くことが実証されている。即ち、専門的業務従事者達を構成員とする組織集団において、同構成員がその組織集団に誇りを抱き、そこでの日頃の考え方に馴染み、世間からその組織集団への紋切型の評価を当然視し、構成員全員一致の幻想を強く抱き、その組織集団が自らを庇護することを確信する場合、そうした凝集性の強い組織集団は偏った判断（「集団愚考」：groupthik）を下す傾向にあるというのである（Baron, 2000, pp. 216-217）。事故を起こした大手乳業は、専門的業務従事者集団として、「高温殺菌」を「安全意識」の常識と見なし、「熱に強い毒素が発生している場合の危険性を低く見積もる」という偏った判断、即ち、リスク・センスを鈍らせた「集団愚考」を行っていたことになる。

　専門的業務従事者集団が「集団愚考」を引き起こさないようにするためには、認知科学的知見から、討議中の選択肢に対する批判的な議論の展開、リーダーの中立性保持、複数グループによる分散討議などの手立てが必要であるとされている（Baron, 2000, pp. 216-217；岡本・今野，2003, 194-196頁）。専門的業務従事者は、自ら所属する企業組織自体のリスク・センスを働かせるために、こうした手立てに配慮して「集団愚考」を防がなければならない。当然ながら、それが専門的業務従事者個々人のリスク・センスの練磨を前提としていることは、言うまでもない。その個々人のリスク・センスの練磨は、前述の「ヒヤリハット報告」による「不安全行動」の自制と共に、「過剰な自信」の生成条件を自覚することによる「過剰な自信」それ自体の自制、「対立情報」を意識的に取り扱うことよる「対立情報」認識不足の自制などによって行う必要がある。

第4章 リスク・センスを働かせた「生きる力」を育む

③事故等の「危機的状況」を引き起こし得る「無意図的誤り」への対応
　現代社会では、さまざまな業種の専門的業務従事者が犯す「無意図的誤り」から引き起こされる事故等の「危機的状況」の事例は少なくない。そこでは、専門的業務従事者自身の「不安全行動」「集団愚考」「過剰な自信」「対立情報」の認識不足、等々の生じる理由が事故調査結果から明らかにされている。そして、上述のように、それぞれの業種では、そうした生成理由に応じて事故を起こさないようにするための危機管理対策が施され、専門的業務従事者のリスク・センスを働かせる手立てが図られている。そこにおいて、専門的業務従事者は、自らが現代社会を生き抜くために、リスク・センスを働かせた「生きる力」を育むことになる。
　こうした状況の中で、現在、認知科学的知見として指摘されていることは、事故等の「危機的状況」を導く「無意図的誤り」について、それを引き起こす「認知バイアス」に対する専門的業務従事者自身の対応の必要性があるということである。この対応に関しては、まず、その「認知バイアス」の存在それ自体を自覚することが求められる。そのことの有効性については、現時点でそれを問題視する向きがあるものの（Kenyon & Beaulac, 2013）、専門的業務従事者が「認知バイアス」を自覚することによって自らの業務上の「無意図的誤り」を自制することは、大いに期待されるところである（Baron, 2000；Pohl, 2004；Reyna, Lioyd & Brainerd, 2003）。
　「不安全行動」による「無意図的誤り」は、自らのこれまでの長い経験で安全であったから今後も安全であろうという「楽観性バイアス」（optimistic bias）から生じ（Pohl, 2004, p. 255）、「集団愚考」は、企業組織集団の凝集性の強さによる構成員個々人の「情報への選択的露出性」（selective exposure）からの「選択的バイアス」から生じると言われている（Baron, 2000, pp. 211-212；岡本・今野，2003，195頁）。この「選択的バイアス」は、「対立情報」の認識不足をも引き起こし得る。専門的業務従事者は、こうした「認知バイアス」につねに晒され、「不安全行動」や「集団愚考」などによる「無意図的誤り」を引き起こしかねない状況に置かれる。専門的業務従事者は、卓越性

の自認される自らの専門性ゆえに抱きがちな「過剰な自信」(overconfidence)という「過信バイアス」にもつねに晒されているところから（Baron, 2000, p. 367)、「不安全行動」や「集団愚考」などに陥りやすいとも考えられる。

　専門的業務従事者が自ら被り得る「危機的状況」をもたらしかねないこうした「認知バイアス」を自覚することの必要性は、その有効性に議論の余地はあるものの、重要視されるべきであろう。そして、そのことは、専門的業務従事者としての生き方に対してどのような子どもにも公平に開かれている単線型公教育制度の下で、重要視されなければならない。今日、わが国における単線型公教育制度下の学校教育で、以下に記される「無意図的誤り」を引き起こし得る「認知バイアス」に配慮した指導が求められるところである。

2. 専門的業務従事者に将来成り得る子ども達の「無意図的誤り」への配慮とそれによるリスク・センスを働かせた「生きる力」の育成

　専門的業務従事者が実際に犯しやすい「楽観性バイアス」「情報への選択的露出性」による「選択的バイアス」、そして、「過信バイアス」などには、当事者の専門性の高さに起因するところが多分にある。「楽観性バイアス」は、長い間の安全性が保たれた専門的経験ゆえに生じ、「情報への選択的露出性」による「選択的バイアス」は、同じ類いの専門的情報への長い間の接触頻度の高さゆえに生じ、そして、「過信バイアス」は、自らの専門性の卓越性を長い間自認してきたことゆえに生じているということになる（Baron, 2000, pp. 211-212, 367；岡本・今野，2003，195頁；Pohl, 2004, p. 255)。

　従って、専門的業務従事者への道に開かれた単線型公教育制度下の学校教育で「認知バイアス」に配慮した指導が考えられる場合、専門性のない日常の知的・技能的活動レベルで引き起こされやすい「認知バイアス」から、徐々に、専門性のある知的・技能的活動での「認知バイアス」が取り上げられなければならないであろう。ただし、こうした「認知バイアス」に配慮した指導の手続きは、2010年代を過ぎた時点で、未だ認知科学的知見として整理されるところにまで至っていない。

(1)「認知バイアス」による「無意図的誤り」を自制することへの対応状況

　1980年代以降、さまざまな種類の「認知バイアス」が一般的に知られるようになってきた状況の中で、それらによる専門的業務従事者の「無意図的誤り」は、それらの存在自体を同従事者自身が自覚することにより抑制されるものであると見なされがちであった（Baron, 1988；広田・増田・坂上, 2002；印南, 2001；Montgomery, Lipshitz, & Brehmer, 2005；Morewedge, et al., 2015, Reason, 1990；Schneider & Shanteau, 2003）。それに対して、近年、「認知バイアス」による「無意図的誤り」を自制するには、「認知バイアス」の直接的自覚ではなく、「認知バイアス」の抑制を図る「脱バイアス化」のための「環境の構造化」が必要であるとの指摘が打ちだされている。この「環境の構造化」は、「ナッジ」（nudge：軽いひと突き）と呼ばれる「認知バイアス」の自制を促す補助機能（人間の目的的行動を促進する環境条件）の手続き化である（Kenyon & Beaulac, 2014; Beaulac & Kenyon, 2016）。

　「脱バイアス化」を図る「環境の構造化」は、当事者の「認知バイアス」による「無意図的誤り」の自制化をねらった指導の必要性を求めたものに他ならないが、その指導の具体的で実用的な手続きは、未だ整えられていない。即ち、専門的業務従事者に将来成り得る子ども達に対し、「認知バイアス」による「無意図的誤り」を自制する具体的手続きが未だ整えられていない。こうした状況ではあるにしても、「ナッジ」の存在は、専門的業務従事者であれ、それを目指し得る子ども達であれ、彼らの犯しかねない「認知バイアス」による「無意図的誤り」を自制させる環境条件として不可欠なものとなる。専門的業務経験を踏まえた「ヒヤリハット報告」などは、「ナッジ」を企図したものと見なされ、企業界等で広く注目されている。

　こうした「認知バイアス」による「無意図的誤り」を自制することへの今日の対応状況の下で、専門的業務従事者に将来成り得る子ども達に対し、「認知バイアス」による「無意図的誤り」の自制化を潜在化させた下記のような指導事例が、初等教育段階に見られる。

(2)「認知バイアス」による「無意図的誤り」を潜在的に自制させる指導の事例

子どもの「認知バイアス」による「無意図的誤り」を子ども自身に自制させる指導については、その「誤り」を直接自覚させる指導ではなく、その「誤り」の自制を促す「ナッジ」としての環境条件づくりを行う指導が必要となる。そのことを潜在させた指導事例が幼児教育と小学校教育の場合に見られる。

① 幼児の「可用性バイアス」による「無意図的誤り」を潜在的に自制させる指導の事例

幼児は、しばしば、自ら速く走る時には足を速く動かすだけで速く走れると思いがちになると言われている。これは、幼児の日常経験で自ら慣れた行動様式を無意図的にそのまま用いてよいとする認知傾向即ち「可用性バイアス」（availability bias）という「認知バイアス」の表れであると見なされる。幼児は、例えば、テレビ・アニメーションで猛烈なスピードで走る登場人物の足が高速回転する描写場面を繰り返し見たり、あるいは、自ら大人に手を引かれて一緒に速く歩く時、自らの足を速く動かさなければ速く歩けない経験を何度も繰り返したりする。そうした経験を繰り返す幼児が、自ら速く走るには自らの足を速く動かさなければならないと思っても、それは、不思議なことではない。

実際に、2～6歳児の場合、どの幼児においても走る時の歩数（歩／秒）はあまり変わらず、走る「速さ」については、歩幅の違いによってその差が生じるとされる。足の速い幼児は、足を速く動かしているのではなく、一歩一歩地面を力強く蹴って大きく踏み出し、そのことにより、足のモモが上がって大きく回転し、自らより遠くへ足を運んでいる。足の速い幼児は、このことを繰り返していることになるという（ほいくる通信，2016）。

足を速く動かすだけで速く走れると思い込んでいる幼児に対しては、「水たまりジャンプ」遊びをさせる指導が行われている。そこでは、幼児が、マットを水たまりに見立ててジャンプをしてマットを越える。1枚のマットから始め、次に、マットの間に隙間をあけてジャンプさせ、また、一部を重ね置きして、飛び越す距離に長短をつけてマットのジャンプ越えをさせる。こ

のような体験を経た幼児は、その後の競走において、以前より速くなった自らの「速さ」を実感することができるようになるということである（ほいくる通信，2016）。

　この「遊び」は、足を速く動かすだけで速く走れるという「無意図的誤り」を犯している幼児に対し、それを自制させる指導になっている。ここには、幼児の「可用性バイアス」による「無意図的誤り」を幼児自身に直接自覚させずに、「水たまりジャンプ」遊びに組み込んだ「ナッジ」の働き（幼児の足を大きく踏み出させる補助機能）を幼児自ら受け止められるようにする指導が見られる。「認知バイアス」の一つとなる「可用性バイアス」による「無意図的誤り」を自制する体験は、現代社会が求めるリスク・センスを働かせた「生きる力」の育成の基礎となる。

② 小学校児童の「代表性ヒューリスティクス」による「無意図的誤り」を潜在的に自制させる指導の事例

　小学校6年生社会科の歴史では、「江戸時代の農民の暮らし」を考える授業が見られる。この種の歴史の授業では、次のような指導が行われる。即ち、「江戸時代の農民の暮らし」をテーマとして、農家の「収穫米」半分を徴収する「五公五民の年貢」政策と共に、農民の「酒とタバコをのむ」ことの禁止や「麦、あわをつくり米を食べるな」などの厳しい生活を強いる「慶安の御触書」を手掛かりとした授業である。この「慶安の御触書」については、従来、それが江戸幕府の発令した幕法として広く教科書で取り上げられていたが、現在、その原本（江戸時代「慶安」期の史料）が見つかっていないところから、その教科書上の取り扱いが疑問視される状況にある〔岡崎，2004; Wikipedia, 2016〕）。

　こうした状況の下で、江戸幕府の「五公五民の年貢」政策と共に「御触書」を扱った授業では、「御触書」や「五公五民の年貢」を手掛かりとして当時の農民の貧しい生活を想像していた児童の学習場面が見られる（岡崎，2004，91-102頁）。それは、児童が「御触書」と「五公五民の年貢」の記述説明を代表例にして当時の農民生活全体の様子を解釈する認知傾向、即ち、

「代表性ヒューリスティクス」(the representativeness heuristic) という「認知バイアス」の表れでもある。この「認知バイアス」を働かせた児童に対し、授業者の以下のような是正指導がなされている。

　授業者は、江戸時代初めから約100年の間に国内の水田が80万haから300万haに増え、耕地が養う人口比が当時の西欧に対して日本の場合に15倍であったことをデータで児童に示した。そして、武士と農民の人口比が7％対85％で年貢率が五公五民であると武士に渡る年貢米が余り過ぎるにもかかわらず、そのことが歴史的に見られなかったことを児童に考えさせた。さらに、江戸時代の全国検地が難事業で行われ難かったことから、各藩の正確な米収穫量に基づく「五公五民の年貢」(農家の「収穫米」半分を徴収する) 政策を幕府が実施できなかったことをデータで児童に示した (岡崎, 2004, 110-111頁)。

　このことを踏まえ、授業者は、実際に悪い振る舞いが多く見られるために禁止事項が出されるという日常的な学校生活場面を例示して、「御触書」の贅沢禁止事項が、実際の農民生活に贅沢が広まっていたからこそ出されたのではないかということを児童に考えさせた。そして、江戸時代のその農民生活の贅沢に対して、「御触書」の禁止事項が出された可能性を考えさせ、農民が一概に貧しかったという児童の短絡的解釈の「代表性ヒューリスティクス」による「無意図的誤り」を潜在的に自制させる指導が行われた (岡崎, 2004, 91-136頁)。

　「代表性ヒューリスティクス」による「無意図的誤り」の自制については、当該事項の客観的データによる事実確認が必要とされる。この事実確認は、「御触書」等の記述内容それ自体から短絡的な解釈を行うという「無意図的誤り」を児童に自制させる「ナッジ」の働きに他ならない。「認知バイアス」の一つとなる「代表性ヒューリスティクス」による「無意図的誤り」を自制する体験は、現代社会が求めるリスク・センスを働かせた「生きる力」の育成の基礎となる。

(3) リスク・センスを働かせた「生きる力」を育むことが抱える困難な課題

　今日、子ども達は、単線型公教育制度における学校教育の理念の下で、専門的業務従事者として将来生き抜いて行く可能性を抱き、そのためのリスク・センスを働かせた「生きる力」を育んでいかなければならない。このことに関して、実際には幼児教育や小学校教育を実施する当事者にその自覚はないにしても、上述の事例を含め、潜在的にその体験が積み重ねられている様子を初等教育で窺うことはできる（渡邊、2008）。しかし、リスク・センスを働かせた「生きる力」を育む指導（「認知バイアス」による「無意図的誤り」を子ども達に自制させる指導）の場の必要性を初等・中等教育全体で考える時、そこには克服すべき課題がある。それは、この指導の場を中等教育段階に求めることに難しさがあるためにその難しさを克服しなければならないという課題である。

① 子ども達のリスク・センスを働かせた「生きる力」の育成を中等教育で行うことの難しさ

　子どもを含む人間一般における「認知バイアス」の生成については、自らの日常経験からの主観性の高い記憶情報を優位に働かせて自らの課題に対する「トップダウン情報処理」がなされる場合、自らの「認知バイアス」が発生しやすくなると見なされている。それに対し、「トップダウン情報処理」が、環境の変化（「危機的状況」を含む）への対応（克服）に必要な実証性の高い記憶情報を優位に作用させる場合、「認知バイアス」は相対的に生じ難くなるとされる（Baron, 1988；Bower, 1981；Geary, 2001；Goodale & Milner, 2004）。

　幼児教育と小学校教育において、子ども達には、自らの日常経験が重要視される教育的指導の下で指導側との頻繁なコミュニケーション（意思疎通）の場が多く提供される。彼らはそこで自らの主観性の高い記憶情報を優位に働かせて自らの課題に対する「トップダウン情報処理」を頻繁に行うことになり、彼らの「認知バイアス」は、随所で生じやすくなる。そして、「認知バイアス」に基づいた「無意図的誤り」を子ども達に自制させる指導が随所で必要とされ、その指導が頻繁に行われるようになる。

　それに対し、中学校教育以降、教科・科目内容中心の指導の下では、指導

側による科学的・学問的な実証性の高い情報が矢継ぎ早に提示され、子ども達と指導側とのコミュニケーションの機会（「認知バイアス」が生じやすい機会）が減少せざるを得なくなる。そして、子ども達の「認知バイアス」は、指導側が実施する「テスト」への誤答の時くらいにしか見られないほどに生じ難くなる。指導側は、子ども達自らの「認知バイアス」に基づいた「無意図的誤り」を自制させる指導の機会を失うようになる。

「認知バイアス」による「無意図的誤り」を子ども達に自制させる指導は、主に、「認知バイアス」の生じやすい幼児教育と小学校教育で考えざるを得ない。そして、子ども達のリスク・センスを働かせた「生きる力」の育成は、中学校以降の学校教育で行われ難いという現状が見られることになる。

② リスク・センスを働かせた「生きる力」の育成を妨げる困難さとその克服への期待

子ども達のリスク・センスを働かせた「生きる力」を育むことについては、現在のところ、子ども達と指導側との頻繁なコミュニケーションの場の多い初等教育段階でそれに関する具体策立案の追求を窺うことはできる。しかし、初等教育段階後の子ども・指導者間のコミュニケーションの場の少ない中学校教育以降でその具体策を追求する難しさがある。中学校教育以降の日常の授業では、子ども・指導者間のコミュニケーションの場の少なさゆえに、「無意図的誤り」を自制する指導の機会が減少し、指導側にとって、リスク・センスを働かせた「生きる力」の育成の場が整わないという困難さが生じるのである。

ただし、この困難さに対しては、その克服を期待させる状況が見られないわけではない。その状況とは、初等教育から高等教育までの学校教育に「アクティブ・ラーニング」を広めようとする現在の文部科学行政施策の登場である。とくに、2020（平成32）年度から2022（平成34）年度にかけて予定される小・中・高等学校の次期各学習指導要領の実施で「アクティブ・ラーニング」が重要視される状況には、従来の初等教育中心になされる活発なコミュニケーション状態の「主体的・協働的学習」（総称的学習形態）を中等教育にも広げる意図が見られる。今後、「アクティブ・ラーニング」の普及に

より、中学・高等学校段階において、「認知バイアス」による「無意図的誤り」を自制する指導（コミュニケーションの高さを踏まえた指導）の場の広範な出現の可能性が見込まれることになる。即ち、子ども達と指導側の頻繁なコミュニケーションの場の広く出現し得る状況が今以上に見込まれ、子ども達のリスク・センスを働かせた「生きる力」を育む場のよりいっそうの普及に期待が寄せられるのである。なお、「アクティブ・ラーニング」は、「キャリア教育」と並んで、学校教育全体（初・中等教育、高等教育）を実社会に焦点化させている点において、従来の「問題解決学習」や「発見学習」などの「アクティブ」な「ラーニング」とは異なる特色を示している（梶田・人間教育研究協議会，2015；田村，2015）。

　こうした「アクティブ・ラーニング」の普及にともなう期待と相俟って、リスク・センスを働かせた「生きる力」を育むこととの関わりから、次の状況にも期待が寄せられる。それは、国際的に見て、「認知バイアス」による「無意図的誤り」についてのこれまでの研究が、それを支えてきた「判断と意思決定」に関する研究の50年以上の歩みを背景にして、成果を漸次蓄積してきているという状況である（Milkman, Chugh & Bazerman, 2008）。現在、「認知バイアス」による「無意図的誤り」を自制する「脱バイアス化」の実用的な手続きについての研究は緒についたばかりであるが（Kenyou & Beaulac, 2014; Beaulac & Kenyon, 2016）、その研究の今後の進展に大いなる期待が寄せられる。そして、現代社会で専門的業務従事者として将来生きて行く可能性のある子ども達に対し、リスク・センスを働かせた「生きる力」を育むための実用的な手続きの提言もなされることが、併せて期待される。

　本章を締め括るに当たり、最後に触れるべきことがある。それは、次に示すように、こうしたリスク・センスを働かせた「生きる力」の育成を指導する者（教師）が自らにもその育成を絶えず施していかなければならないということである。
　今日、「認知バイアス」が人間の判断を誤らせてリスク（「危機的状況」）を生じさせることを識る人は、自ら「認知バイアス」を抑制できるという信念

を抱きがちであるがゆえに自らを「認知バイアス」それ自体から遠ざけかねないと言われている。そこでは、「認知バイアス」による「誤り」の回避を指導することそれ自体が、指導する側の「認知バイアス」を気づかせなくすること (bias blind spot) になり得るとされる。「認知バイアス」による「無意図的誤り」の自制に信念を抱いて指導する者は、一方でその自制指導を子ども達に行いながら、他方では、その自制への信念があるゆえに生じる自らの「過信バイアス」による「無意図的誤り」を自制できない事態に陥りがちになるというのである (Kenyon & Beaulac, 2014)。

リスク・センスを働かせた「生きる力」の育成に携わる者（教師）は、子ども達の「認知バイアス」からの「無意図的誤り」を自制する指導において、自らに生じる「認知バイアス」からの「無意図的誤り」を絶えず自省し、そして、自制しなければならない。

参考文献等

Ahrbeck, H. (1957). *Jan Amos Comenius: Grosse Didaktik*. Berlin: Volk und Wissen Volkseigener Verlag.

Baron, J. (1988). *Thinking and deciding* (1st ed.). New York: Cambridge University Press.

Baron, J. (2000). *Thinking and deciding* (3rd ed.). Cambridge (UK): Cambridge University Press.

Beaulac, G. & Kenyon T. (2016). The scope of debiasing in the classroom. World Class EMBA, Kellog HKUST. http://www.academia.edu/25061539/The_scope_of_debiasing_in_the_classroom（参照日 2016. 8. 21）

Bower, G. H. (1981). Mood and memory. *American Psychology*, 3. (2). 129-148.

Butts, R. F. & Cremin, L. A. (1953). *History of education in American culture*. New York: Holt, Rinehart and Winston.

江藤恭二・篠田 弘・鈴木正幸 編（1999）『子どもの教育の歴史―その生活と社会背景をみつめて―』名古屋大学出版会

Geary, D. C. (2001). Evolutionary theory and education. *International encyclopedia of the school & behavioral sciences*. Elsevier Science Ltd. pp. 5024-5028. http://web.missouri.edu/~gearyd/IESBS.pdf#search='　http　％ 3A　％ 2F　％ 2Fweb.

missouri.edu%2F%7Egearyd%2FIESBS.pdf（参照日 2016.5.20）

Goodale, M. A. and Milner, A. D. (2004). S*ight unseen: An exploration of conscious and unconscious vision*. New York: Oxford University Press.

畑村洋太郎（2007）『図解雑学 失敗学』ナツメ社

広田すみれ・増田真也・坂上貴之 編著（2002）『心理学が描くリスクの世界 行動的意思決定入門』慶應義塾大学出版会

ほいくる通信（2016）「水たまりジャンプ～速く走りたい子におすすめの遊び～」『こども法人キッズカラー：ほいくる』https://hoiclue.jp/3936.html（参照日 2016.5.17）

市川須美子・小野田正利・勝野正章・窪田眞二・中嶋哲彦・成嶋 隆 編（2016）『平成 28 年度教育小六法』学陽書房

印南一路（2001）『すぐれた意思決定 判断と選択の心理学』中央公論新社

イタール, J. M.（1975）『アヴェロンの野生児』（古武彌正 訳）福村出版（原書, 1894）

梶田叡一・人間教育研究協議会（2015）『アクティブ・ラーニングとは何か』金子書房

カント, I.（1976）『教育学講義 他』（伊勢田耀子 訳）明治図書出版（原書, 1964）

Kenyon, T. & Beaulac, G. (2013). Critical thinking and debiasing. Association for Informal Logic & Critical Thinking. https://ailact.files.wordpress.com/2012/10/kenyon-and-beaulac-2014-ailact-essay-prize-winner_ctandb.pdf（参照日 2016.5.15）

Kenyon T. & Beaulac, G. (2014). Critical thinking education and debiasing. *Informal Logic*, 34 (4), 341-363. Open Journal Systems - University of Windsor. http://ojs.uwindsor.ca/ojs/leddy/index.php/informal_logic/article/view/4203/3339（参照日 2016.10.1）

厚生労働省（2008）「保育所保育指針解説書」『厚生労働省』http://www.mhlw.go.jp/bunya/kodomo/hoiku04/pdf/hoiku04a.pdf（参照日 2016.10.3）

Milkman, K. L., Chugh, D. & Bazerman, M. H. (2008). How can decision making be improved？ Harvard Business School. http://www.hbs.edu/faculty/Publication%20Files/08-102.pdf（参照日 2016.5.17）

水本弘文（2002）『「星の王子さま」の見えない世界』大学教育出版

持田栄一・市川 昭 編（1975）『教育福祉の理論と実際』教育開発研究所

文部科学省（2007）「問題行動を起こす児童生徒に対する指導について（通知）」

(18文科初第1019号 平成19年2月5日）』『文部科学省』 http://www.mext.go.jp/a_menu/shotou/seitoshidou/0702069.htm（参照日 2016. 5. 17）

文部科学省（2008）「幼稚園教育要領解説」『文部科学省』http://www.mext.go.jp/a_menu/shotou/new-cs/youryou/youkaisetsu.pdf (参照日 2016. 5. 16）

文部科学省（2011a）「現行学習指導要領・生きる力 現行学習指導要領の基本的な考え方」『文部科学省』2011年1月 http://www.mext.go.jp/a_menu/shotou/new-cs/idea. (参照日 2016. 5. 11）

文部科学省（2011b）「学習指導要領の変遷」『文部科学省』http://www.mext.go.jp/b_menu/shingi/chukyo/chukyo3/004/siryo/__icsFiles/afieldfile/2011/04/14/1303377_1_1.pdf (参照日 2016. 5. 12.）

文部科学省（2013）「体罰の禁止及び児童生徒理解に基づく指導の徹底について（通知）」『文部科学省』2013年3月 http://www.mext.go.jp/a_menu/shotou/seitoshidou/1331907.htm（参照日 2016. 5. 11）

Montgomery, H., Lipshitz, R. & Brehmer, B. (2005). *How professionals make decisions*. New Jersey: Lawrence Erlbaum Associates.

Morewedge, C. K. Yoon, H., Scopelliti, I, Symborski, C. W., Korris, J. H. & Kassam, K. (2015). Debiasing decisions: Improved decision making with a single training intervention. ResearchGate Aug. 24, 2015. https://www.researchgate.net/publication/281206303_Debiasing_Decisions_Improved_Decision_Making_With_a_Single_Training_Intervention（参照日 2016. 10. 1）

日経ものづくり（2005）『重大事故の舞台裏 技術で解明する真の原因』日経BP社

岡本浩一・今野裕之 編著（2003）『リスク・マネジメントの心理学 事故・事件からまなぶ』新曜社

岡崎 均（2004）『"江戸時代"間違って教えてませんか 本当はこうだったポイント19』明治図書出版

大阪高等裁判所（1955）「暴行傷害被告事件 昭和2（う）1255 昭和30年5月16日 第8巻4号545頁」 http://インターネット判例.com/koutou/1955/05/16/22608（参照日 2016. 10. 3）

オーエン，R.（1963）『社会変革と教育』（渡邊義晴 訳）明治図書出版（原書，1815〜1820年著論文集）

Pohl, R. F. (Ed.)(2004). *A handbook of fallacies and biases in thinking, judgement and memory*. New York: Psychology Press.

Reason, J. (1990). *Human error*. New York: Cambridge University Press.

Reyna, V. F., Lioyd, F. J. & Brainerd, Ch. J. (2003). Memory, development, and rationality. An integrative theory of judgment and decision making. In Schneider S. L. & Shanteau, J. (Eds.). *Emerging perspectives on judgment and decision research* (pp. 201-245). Cambridge (UK): Cambridge University Press.

最高裁判所（1976）「昭和43（あ）1614　建造物侵入、暴力行為等処罰に関する法律違反　昭和51年05年21日　最高裁判所大法廷　判決　その他　札幌高等裁判所」『裁判所 Courts in Japan』http://www.courts.go.jp/app/hanrei_jp/detail2?id=57016（参照日 2016.5.17）

サン＝テグジュペリ（2005）『愛蔵版 星の王子さま』（内藤　濯　訳）岩波書店

Schneider, S. L. & Shanteau, L. (Eds.) (2003). *Emerging perspectives on judgment and decision research.* Cambridge (UK): Cambridge University Press.

田村　学（2015）「学習指導要領改訂の方向性とアクティブ・ラーニング」『学校とICT』2015年2月　http://www.sky-school-ict.net/shidoyoryo/151218（参照日 1016.7.11）

梅根　悟（1955）『世界教育史 人間は人間を幸福にできる、その考え方の歴史』光文社

渡邊光雄（2008）「『範疇的陶冶』における認知的バイアスへの配慮」常磐大学人間科学部紀要人間科学, 25 (2): 1-14.

Wikipedia（2016）「慶安御触書」『ウィキペディア・フリー百科事典』2016年5月1日　https://ja.wikipedia.org/wiki/%E6%85%B6%E5%AE%89%E5%BE%A1%E8%A7%A6%E6%9B%B（参照日 2016.8.9）

第Ⅱ部　制度・実践・設計に関わる理論

第5章 乳幼児研究と愛着理論及び愛着理論に基づいた臨床研究

金谷有子

　21世紀の現在、少子化、核家族化、都市化による地域における人間関係の希薄化、それにともなう子育ての孤立化と育児不安の増大、離婚や暴力による家庭の崩壊、不適切な養育環境と虐待やネグレクト等の不適切な養育等々、子どもの心とからだを蝕むさまざまな問題が生じている。発達心理学およびその近接領域における愛着理論とそれに基づく愛着の実証研究から得られた知見は、このような現代の子育てにまつわるさまざまな心理社会的問題への理解と解決に寄与する面が多大にあるのではないかと考える。

　このような時代背景を踏まえて、本章では乳幼児期の母子を中心とした情動的コミュニケーションと愛着関係の発達を中心に、近年の愛着研究が取り組んでいるテーマと得られた成果、さらに今後の課題を考察していきたい。そのために4つの観点から探っていくことにする。第1に、相互作用や前言語的コミュニケーションの実証研究とその背景理論、第2に情動的コミュニケーションや情動調整の実証研究とその背景理論、第3に愛着理論と愛着研究、第4に相互作用研究と愛着研究の臨床応用についてである。

第1節　コミュニケーションの基本構造としての母子相互作用と発達

1. 相互交流（インタラクション）の意義

　人の心というのは他者と交流する開かれた系として生得的に備わっている

と考えられる。Trevarthen (1993) はオランダのアムステルダムの病院での未熟児への母子相互作用促進方法を観察し、未熟児と父親との相互のやりとりを紹介している。その子は妊娠30週で生まれた未熟児で、本来ならばまだ胎内にいるはずの32週のとき、母親が手術を受けることになった。そのため母親に代わって父親がケアを行った。父親はしっかりと子どもを地肌に抱きしめ、顔を見合わせながらゆっくりと声をかけると、か細いが確実にその声に答えるように子どもが「アー」と言ったのである。これに対して父親もまた「アー」と返答すると、またそれに応じて子どもが答えるという相互交流が起きた。この観察は感動的である。新生児の共鳴動作や同期行動あるいは相互同調性といった現象の研究は1970年代頃から多く発表されているが、未熟児でもこのような現象がみられるのである。相互に交代して互いに反応するというのはコミュニケーションの基本構造である。コミュニケーションなしには心はないとも言えよう。

　乳児は上記の観察例が示すように生得的に持っている相互交流参加の能力によって、母親に養育行動を始めさせたり、続けさせたり、あるいは促進させたりすることができる。

　相互作用へのアプローチとして、行動のレベルでの観察と記述を行った研究報告がある（たとえば金谷他、1981：1982; Kawakami et al.,1994）。金谷らは生後2年間にわたって家庭での母子インタラクションの観察を行い、その発達プロセスを探求した。また家庭児ばかりでなく乳児院の乳児と保育者・看護者とのインタラクションの観察も行った。

　金谷ら（1982）は、生後2年間にわたって家庭での母子二者間の行動のやりとり（インタラクション）を観察した。金谷は3組の母子ペアのインタラクションパターンを分析し検討している。繰り返されるパターンや流れを記述することによってそれぞれの母子ペアの特徴が見出されている。母子ペアによるインタラクションの量的違い、インタラクションの流れとパターンにおける違い、およびインタラクションの個人差の幅の違いである。行動のやりとりが毎月の観察時に頻繁に起こる活発な母子ペア、逆に静かなペア、インタラクションの流れがスムーズに進むペア、ぎこちないペアなどペアごと

の特徴が持続的な特徴として次第に明らかになっていくことがわかった。お互いのやりとりのリズムが合って声の調子や声の大きさを調節し合うといったペア特有のインタラクションパターンが形成されることも示唆された。個々の家庭の家族間のインタラクションには、その家庭なりの一貫性があり、それはインタラクションの頻度や質に反映されていると考えられた。

金谷ら（1981）は4か所の乳児院において参加観察を行い、それぞれ施設での乳児と保育者とのインタラクションの発達を調べた。乳児の健康上の問題や身体的活発さの違いが保育者とのインタラクションの量的かつ質的違いに関連していることが示唆されている。また保育者の人手が多いときには世話をするかかわりが多くなり、結果的にインタラクションが多くなるという結果も見出された。

以上概説した相互交流の記述データから読み取れることおよびそこから見出される課題や新たな視点にはどのようなものがあるかを探っていく必要があるだろう。そこで次に母子相互のやりとりと相互作用の積み重ねから母子相互に何が作られていくのか、あるいは何が発達するのかについて論を進めたい。

2. 相互作用経験の心理過程とそこから形成されるもの

母子相互作用の過程に現出されるものを考えるうえで、母親および子どものそれぞれの内的世界を記述するスターン（1985；1989；2000）のモデルは興味深い。スターンは母子間での行動のやりとりから作られる自他の表象と相互作用の表象、母子それぞれの主観世界そして臨床の場における観察データをもとに相互作用のパターンを理論化している。金谷（1991）は母子間の相互作用過程と愛着の発達のデータをスターンのRIGsの概念から考察を行っている。RIGs（Representations of Interactions that have been Generalized）は、相互作用の経験から形成される。たとえば、乳児が「いないないばあ」の遊びを初めて経験したとき、それを記憶に貯蔵する。その後、何回か似たような経験に遭遇していくうちに、「いないないばあ」のRIGを形成していくことになる。一つのRIGは、一つの特定化されたタイプの相互交渉を表すと

いう。母子間で繰り返す相互作用過程からいくつかの RIGs がお互いの内面に形成されていく。乳児が主観的に抱く母親像あるいは母親が主観的に抱く乳児像はこのような RIGs を集めて組み立てられる。同じ事象についても子どもによってあるいは母親によって違う RIG が形成されることになる。

ビービーら（2008）は、早期の相互交流パターンは、繰り返されて特徴的になることやそのような特徴的パターンがその後の表象を作り出していくことを主張している。しかしその相互交流パターンが固定化する場合もあるが変容や修正、再構成がなされる可能性も指摘している。

ボウルビィは愛着理論の三部作のそれぞれで内的作業モデル（Internal working models：IWM）について言及している（Bowlby,1969,1973,1980,1988）。乳児は生きていくために特定の人との結びつきを作るために生得的行動を備えている。その生得的行動によって子どもは誕生直後から親とのさまざまな相互作用を経験していく。日々の相互作用経験の積み重ねから、愛着対象人物が自分にとってどのような存在なのか、また自分はその人にとってどのような自分であるのか、その人とのかかわり方の経験はどのようなものかといった自分と他者、自分と外的世界に関する表象が作られていくが、これが内的作業モデルというものである。

乳児期の親子の情緒的絆である愛着の個人差は、母子間のそれまでの相互作用から形成される。とくに母親側の子どものニードに沿った感受性豊かな応答性が重要といわれている（Ainaworth,1969）。母親の感受性に関して"Mind-Mindedness" という新しい概念を提唱している研究がある（Meins et al.,2001）。子どもの気持ちへの感受性とそれを適切に読み、言い表してあげる能力であり、この能力が愛着の発達ばかりでなく、心の理論の発達にも影響を与えると考えられている。この能力が高い母親は、子どもがうまく自分の気持ちを表現できずに困っているときには、その子の感情を巧みに汲みとって、子どもの心を反映するような声をかけることができる。これが後の子どもの心を理解する能力の発達に影響を与えると考えられる。

第2節　情動のコミュニケーションの発達研究とその理論

1. 情動のコミュニケーションにおける情動の読み取り

　子どもは母親が情緒的・心理的に利用可能な人であるか否かを相互交渉体験過程から知っていく。情動の利用可能性（emotional availability）という概念（Emde, R. N. & Sorce, J. F, 1988）は、相互交流において母子相互が、表情や声、泣き声などを通してさまざまな情動を表現し合い、受け止め合う関係性と考えられる。

　乳児と母親との早期の相互交流の微視的分析によると、母子間の情動的やりとりは様々な程度の調整やミスマッチの修正、中断の間を行ったり来たりすることがわかってきた。このような母子の相互交流と乳児の自己調整の程度と後の安定愛着や不安定愛着との関係を検討した研究報告は示唆に富んでいる。マラテスタらは乳児との相互交流における母親の随伴的応答性の測定と評価を行った。乳児の顔の表情が変化する兆候の1秒以内における母親の表情の変化を測定評価し、2歳時点における愛着を調べた（Malatesta et al.,1989）。それによると、乳児の顔の変化に母親が低いかあるいは中程度の随伴的応答性を示すことが後の安定愛着を予測するという。また母親が乳児の表情変化に過度に合わせて応答する場合、回避型の愛着を示すことが予測された。つまりより多いマッチングや調整は安定愛着形成にとって必ずしも良いことではないと解釈される（ビービー／ラックマン，2002）。適度な顔の随伴性を示す母親の子どもは、過度な随伴性あるいは過小な随伴性を示す母親の子どもと比べると、より多く母親を見て、しかも最も肯定的な情動を示したという結果であった。相互交流を実験的に阻害する静止顔実験から得られた知見も示唆に富んでいる。母親は子どもの方を向いたまま子どもを見続けるが、まったく動かず応答しないように教示される。乳児は応答しない母親に笑顔を向けたり、手を伸ばしたりしてかかわろうと試みた。しかしそれでも母親は無表情のままでいると、自分の手を見たり、周りを見たりして

気分を紛らわそうとした。つまり乳児は相互交流調整と自己調整を試みるのである。相互交流調整がうまくいっている二者関係では乳児の自己調整能力は適応的であると論じられている（Tronick, 1989; Tronick and Gianino, 1986; ; Gianino and Tronick, 1988）。

相互交流における発声リズム研究（Jaffe et al.,2001）では、マッチングや調整が多いことは必ずしもいいことではないことが示唆されている。後の安定愛着を予測する相互交流における調整は適度であること、過度な調整やあるいは調整不足は後の愛着型は不安定だったと報告されている。ビービー（2008）はこれらの研究結果を総合して、最適な相互交流は乳児と母親相互において強さや随伴性が中間域にある場合に見られること、また母子双方の応答性が高すぎたり、低すぎたりする場合は、乳児の発達に問題が生じると推測している。

相互交流における母親の乳児の情動表出への調律を調べたスターン（1989）によると、母親が調律するのに利用するのは、強さ、タイミング、形という3つの側面であるとして微細な分析を行っている。調律を行う理由は、乳児と共にあり、体験を共有することにあると述べている。調律にはバリエーションが認められるという。乳児の内的状態に正確にマッチしようとするタイプの調律がある。一方、故意にマッチしすぎる場合や、マッチしきうなかったりする意図的誤調律がある。これは乳児の活動や情動のレベルを上げたり下げたりする目的で行われるものである。非意図的誤調律は、乳児の情動状態の質や量を誤って認定する場合や、乳児と同じ内的状態を母親自身の中に見出せないときに起きると説明している。

2. 情動のコミュニケーションと情動の調整

ここでは情動的コミュニケーションの発達について、情動伝染、情動伝達、情動表出と情動調整に焦点を当てて検討していきたい。たとえば、情動的やりとりにおけるマイクロな分析によるとリズム、テンポ、タイミングが母子相互の関係性形成の質的側面に影響を与えるという研究結果がある。たとえばトロニック（2011）は乳児の情動と情動のコミュニケーションにおけ

る相互調整の考えを論じている。彼は子どもの情動表出の仕方の違い、たとえば楽しくて仕方がないという好奇心旺盛な子ども、悲しげで無関心な子ども、怒りに満ちた子どもといった違いは一体どこからくるのかと問うている。そしてそれはそれまでにかかわった情動のコミュニケーションシステムの働きに関連していること、とくに乳児の対人的情緒的相互作用の中での調整や修正の成功体験と失敗体験のバランスに関連していると主張している。私たちは日常の情動のコミュニケーションにおいて調律がうまくいく経験ばかりでなく、失敗も経験している。また失敗の調整がうまくいく経験や修正経験も絶えずしていると考えられる。調律がうまくいけば肯定的感情が生まれるが、失敗した場合は否定的感情が生まれる。健全な相互作用においては、失敗を修正する体験を蓄積していく中で、自分の相互作用が肯定的で修復可能であるという表象を作っていくのである (Gianino & Tronick, 1988)。

　情動的コミュニケーションとして社会的参照の現象がある。ハイハイなどの移動能力が発達するころになると、乳児は周囲への探索行動を活発化させる。その結果、未知な状況や事物あるいは危険な状況や事物（たとえば、知らない人、見たことがないおもちゃ、初めてみた虫、温風が出るストーブ、転んで少しだけひざを打ったとき等々）に遭遇することも多くなる。子どもは新しいおもちゃに触っていいのかどうか、虫をつかまえていいのかどうか、ストーブに触れてもいいのかどうか、転んだが自分で起き上がったほうがいいのかなど、判断がつかない場合、親の顔や声に示された情動を手掛かりにして自分の行動を決めるのである。親の顔や声がにこやかな場合は対象に近づくし、怖そうであれば近づかない。転んだ自分を親が心配そうに見れば、そのとき子どもは痛みを感じ泣きだすかもしれない。このような現象は社会的参照 (social referencing) と呼ばれる (Campos, et al., 1983)。

　スターン (1985) は乳児期初期の母子のやりとりを分析し、母親が刺激をほどよくずらしたり、はぐらかしたりする中で調律が進むことを論じている。このような調律が相手の心の中の状態を理解するための体験となると考えられる。遊びの中で面白さを追求する情動的やりとり実験を行ったNakano & Kanaya (1993) は、乳児でも母親の遊戯的からかいの意図を読み

取れることを明らかにした。また幼児は母親の出している演技的からかいに含まれる感情信号は果たして本物なのか、うそなのかを判断しようとして真剣な反応を示した。うそで遊びであることがわかると楽しい反応を出し、何か変だと思えば楽しさを示すことはなかった。このような結果から、遊び意図を伝える場合、母親は子どもの内的状態を読み取りながら子どもの発達にあわせてその様式を変化させると報告している。

金谷（1994; 1996）は母親の感情信号の性質と子どもの反応についての実験データを分析している。母親はいくつかの感情信号を出しながら子どもを遊びに誘い出すことがわかった。またその感情信号の性質の違いが、子どもの他者理解の能力に違った影響を及ぼすことが示唆された。金谷（1999a; 1999b）では、家庭という情動に満ちた場での子どもと家族のやりとりとその調節について報告している。エピソード記述からわかったことはリアルタイムに生じている相互作用の内容がいかに個人差と家庭差に富んでいるかということである。そのような多様性をもたらす要因は親やきょうだいとの関係性の違いであろう。共感体験を基に情動が自由に表現され、調和的に流れる相互作用をもたらすことの多い家庭では、お互いの情動調節がうまく機能していると考えられる。家庭という場で日常繰り返される情緒的相互交流のあり方によっては傷つき合ったり、無視したり、拒絶したりといった否定的情動体験を基にした不調和な関係性ができてしまう場合もある。

相互作用の相互調整の失敗とその要因についての研究（Field et al,. 1988）によると、うつ状態の母親はそうではない母親より相互交流においてリズムの同調が少なく、同調している場合でも否定的な気分の場合であったという。肯定的な行動に関してもうつ状態の母親はそうでない母親より共有の度合いが低かった。うつ状態の母親の子どもは母親の無表情を多く経験し、楽しさや笑顔の共有がきわめて低かった。このような情動のコミュニケーションにおいて同調性や同期性が低いやりとりが続くと、乳児の母親への愛着が不安定になることが予測される。ビービー（2008）はフィールドらの実証研究結果から「生後10か月までに、抑うつ的な母親の乳児の情緒的応答性は、健康な乳児の情緒的応答性とはすでに異なる形でオーガナイズされている」

と指摘している（p.83）。

　Thompson（2008）によると親子の情動的コミュニケーションを通して、親は子どもが自分の情動に気づき、自己調整する能力を獲得できるような経験とモデルとを提供していると述べている。子どもが脅威や危険に出会って恐れや不安などのネガティブな情動を経験しても、親はそれを受容し、慰めや安心を与えてくれるという信頼感をもっている場合、子どもはその情動状態について率直に親に伝えることができる。つまり、親は子どもが情動の調整能力を発達させるための足場づくり（スキャフォルディング）をする役割を果たしている。一方、情動表出に無関心であるばかりでなく、否定的情動を罰したり批判したりする親の場合、子どもは親との情動的コミュニケーションを回避するという方略をとり苦痛を避けると考えられる。情動調整の足場を与えない経験は子どものネガティブおよびポジティブ両面の情動調整能力の発達に寄与しないと推測される。

第3節　愛着の理論と愛着の発達研究

1. 愛着行動システムの理論と研究

　乳児は出生直後から母親との相互作用を経験していく。要求に敏感に適切に応答してくれる母親は乳児にとっていつでも接近可能で情緒的に利用可能な信頼できる存在になっていく。愛着理論によると（Bowlby, 1969; 1973; 1980; 1988）子どもが不安や苦痛を感じた場合には、愛着行動システムが活性化され、愛着対象へ近接維持する行動がとられる。愛着対象である母親は逃げ帰ってきた子どもを歓迎し、支持や慰め、安心や安堵を与える安全な避難場所となる。子どもはこの安全な避難場所に戻って恐れや警戒心が緩和されると、再び探求や遊びを開始することができる。このような探求や遊びへの関与をサポートするのが安全基地と呼ばれる愛着対象がもつ重要な機能である。

　子どもにとって愛着対象が安全な避難場所として、また安全基地として機

能するかどうかは、愛着対象との実際の相互作用の質による。つまり、愛着対象が子どもの示すシグナルをどのようにうけとり、またどのような応答をするかによって子どもの愛着行動パターンに違いが出てくるのである。金谷（2009）は、発達心理学の領域でボウルビィの愛着理論に基づいた実証研究が発展してきたこと、とくに愛着の縦断研究からの知見が多いことを指摘し、それらを概説している。愛着理論（Bowlby, 1969/1982; 1973; 1980）によると愛着システムは、持続的に愛着対象との近接性や身体的・心理的な接近可能性をモニタリングしながら作動している。安全基地としての愛着対象への接近行動と安全基地から与えられる安全感を基に行われる探索行動とのバランスが安定した愛着から生まれると考えられる。子どもが何らかの脅威に出遭った場合に、愛着対象へ近接を求め、情緒的に利用可能で応答的な愛着対象から支持や慰め、安心、安堵が与えられる。愛着対象は安全な避難場所として、また探索や遊びを促進する安全基地として機能する。ボウルビィ（1973）は自身の臨床活動の中でこのような愛着システムを観察した。愛着対象との相互作用によって心の中にこれらの相互作用についての心的表象、自己や他者についての内的作業モデル（Internal working models: IWM）が内在化すると仮定している。この IWM の概念は愛着理論の土台といえる。幼いころに発達した表象モデルはその後も影響力を維持し続けると仮定している。外在のもしくは内在化された愛着対象に頼る能力は、安定した愛着の重要な結果であり、それによって社会的スキルや感情制御のスキルの漸次的な獲得が可能になり、これらが組み合わさることで、適応的で自律的なパーソナリティが生み出されるという（Bowlby, 1988）。

　ボウルビィの安全基地の概念を実証的に研究し、乳児の愛着測定法であるストレンジシチュエーション法（SSP）を開発したのは Ainsworth（1978）である。この SSP を用いた数多くの縦断研究が行われ、乳幼児期の愛着安定、不安定パターンの連続性の問題について実証データが出されてきている。また愛着関係における IWM の発達や査定法は Bretherton ら（1999; 2003）や Main ら（1985, 2005）によって研究されている。Main らは半構造化面接による成人の愛着査定法（AAI）を開発した。この査定法は Main が「無意識を驚

かす」と表現しているように、長い間疎遠であった愛着理論と精神分析との接点を与えてくれた方法である。AAIによって得られた実証データによって愛着の世代間伝達や臨床的側面を検討する研究もある（Fonagy, 2001; フォナギー、2008）。

ボウルビィの愛着理論は、愛着行動システムの実証的な比較行動学や認知科学、発達心理学との出会いを通して人の生涯にわたるパーソナリティ発達についての包括的な一大理論へと今なお成長を続け多方向的に発展しているという指摘もされている（遠藤、2007）。

2. 愛着の質と精神病理との関連性の研究

金谷（2003）はボウルビィの愛着理論とその背景、ボウルビィ以後の愛着研究の流れを考察している。とくに生涯発達的観点から愛着の意義を探っている。また愛着障害とハイリスク要因についてまとめている。金谷（2005）では乳幼児期におけるメンタルヘルス研究と臨床について愛着理論からいくつかの研究が紹介されている。

発達心理学の領域でボウルビィの愛着理論に基づいた実証研究が発展してきた。これまでに数多くの縦断研究の結果が報告されてきており、それらから愛着の安定・不安定の連続性や世代間伝達の問題について貴重な知見が得られている。乳児の愛着分類と親のAAIとの関連が発見され（Main et al.,1985）、その後も愛着の質が親から子どもへ伝達するのかどうか、どのように伝達するのかが研究されている。Fonagyら（1991; 1995）は、AAIから得られた母親の内省機能とSSPによる乳児の愛着分類との間に関連性を見出している。

ドイツにおける縦断研究の一つであるレゲンズブルグ・プロジェクト（Grossmann & Grossmann, 2005）では、安定型の愛着とその後の機能の水準や発達の良さとの相関を見出している。それによると、安定型の青年は、不安定型の青年よりも愛着対象とのネガティブな経験についてどう思うかを問われたとき、ポジティブな防衛（内省性、利他性、ユーモアなど）をすることが有意に多かったという（金谷，1990; 1991; 2003; 2009; 2013; 2015）。

ボウルビィ（1973）は「分離不安」を出版するころまでにすでに不安定な愛着と特定の精神病理との間に関連があるのかどうかに疑問をもっていたという（ブリッシュ、2008）。以後、愛着と精神病理との関連を探究する縦断研究も多くなされている。たとえば、Greenberg ら（1997）は、不安定型の愛着と反社会的行動などの行為障害との間の連関を検討している。Fonagy ら（1995）は、AAI の未解決型と子どもの非体制愛着（D）型が、境界性パーソナリティ障害と関連づけている。

無秩序無方向（D）型は Main & Solomon（1986）が発見したが、その後このタイプと精神病理に関連した探究が多くなされている。幼少期に虐待やネグレクトをされた子どもは、そうでない子どもより不安定な愛着を示す頻度が高いという報告が多く出されている。また無秩序無方向（D）型も被虐待児に多いことも明らかにされてきている。van IJzendoorn ら（1999）は、児童期初期の非体制型愛着のメタ分析を行い、虐待する親の群の48％の子どもがD型であることを見出している。非臨床群ではその割合は15％位と報告されている。ミネソタ縦断研究のハイリスクサンプルにおけるD型の割合は、18か月では43％であった（Carlson, 1998）。

無秩序無方向（D）型は密接に臨床群にかかわることが示されてきている。Sroufe ら（2005）は非体制型の愛着が精神病理の強力な予測変数であると述べている。Lyons-Ruth ら（1999）は、愛着対象の示す怖がらせる行動や怖がっている行動と混乱した情緒的コミュニケーション行動から乳児の非体制型を予測することができると指摘している。このような親の行動は、未解決の対象喪失や悲嘆と関連があるとも指摘している。Greenberg（1999）は反抗挑戦性障害の臨床群の子どもの80％近くが不安定型愛着を示し、非体制/無方向（D）型が発達する中で変容した統制型の分類が、他の群に比べて非常に高い率を示していたと報告している。

多くの縦断研究の知見から愛着の安定・不安定は、子どもの機能がどのように発達するかを確率論的に予測するための指標として受け入れられるようになっている。しかし、どの領域が愛着の安定性と関連し、それがどのようなメカニズムによっているかはまだ十分に明らかになっていない。また世代

間伝達研究でも、連続性は有意であるにもかかわらず、生後1年から青年期にかけて愛着パターンの変化が行動レベルでも表象レベルでも観察されている。ブリッシュ（2008）は、早期の愛着の質がその後の発達の単独の決定因ではなく、複数要因的、循環的、交互作用モデルを想定すべきと指摘している。愛着表象の発達には、親自身の愛着方略、社会的な影響要因（家庭環境や結婚の質）、親のソーシャル・サポート・ネットワークなどのさまざまな外的要因や内的要因がかかわってくると考えられる。この分野での実証研究の必要性も指摘されている。またブリッシュ（2008）は、愛着の安定・不安定は精神病理学的症状の発達に関する防御要因や危険因子として考えられると述べている。安定した愛着は、ストレスに対する脆弱性の閾値を高くし、不安定な愛着はその閾値を低めるとも述べている。

第4節　愛着研究と臨床

1. 愛着型と臨床的問題

　ボウルビィの考え方の成人を対象とした実証的研究は愛着型に焦点が当てられてきた（金谷、2003;2009:2013）。青年期以降の愛着の個人差は成人愛着面接（AAI: Adult Attachment Interview）という半構造化面接によって測定可能である。愛着関係を語ってもらいそれを分析する方法である（Hesse, 2008）。子どもの頃の親との愛着関係の記憶や現在の自分への影響などを質問し、その語り方や想起された内容の一貫性などからタイプが分類される。AAIによって分類される愛着の未解決／混乱型（U: unresolved/disorganized）は、過去の未解決の喪失と関係があると考えられている（Main & Hesse, 1990）。AAIにおけるこの未解決型の語り方の特徴は、愛着喪失やトラウマに関連した出来事を語るとき、語る内容や伝え方を探して時間が経過することがあげられる。語りの途中で終わってしまったり、不適切な時制に変えてしまったりする。たとえば、死別について話しているときに、その人の死を信じていないようなことを言う、証拠がないにもかかわらずその死を自分の

あると思っているように語る、心理的に混乱した語りを行うなど論理や現実検討の欠如が見られる。このように未解決型と分類される人の語りはある特定の事柄（たとえば近親者の死）に対して選択的に想起し反省するメタ認知に崩壊が生じてしまうのである。

メインの一連のAAI研究からわかったことは、無秩序無方向（D）型の子どもの親には未解決の外傷あるいは喪失体験があるということである。van IJzendoorn, (1995) の研究によると、無秩序無方向型の乳児とその親のAAIにおける喪失のエピソードについての未解決な態度との間に関連性があることが見い出されている。しかし子どもの愛着型と関連があるのは悲惨な外傷体験や喪失体験そのものではない。問題はその体験がどのように統合され理解されたか、あるいは統合されず理解されずに未解決のままなのかにあると指摘されている。臨床家のウォーリンは外傷と喪失の傷を癒すという章において、圧倒的に痛ましい体験それ自体が持続的に無秩序をもたらすような影響を人格に及ぼしているわけではなく、決定的なのは解決の欠如であると述べている。ウォーリンは愛着にかかわる優勢の心理状態が、愛着軽視型なのか、とらわれ型なのか、あるいは未解決型なのかを理解して治療を行っている（ウォーリン、2011）。

アレンとフォナギー（2011; 2014）は、愛着における個人差の性質や愛着とメンタライゼーションとの関係性を探究している。フォナギーは、メインのAAI研究に感化され、また心の理論からヒントを得て、成人の心理状態全般への注意の力（メンタライジングと反省機能）を測るスケールを考案した。フォナギーらのAAIにおける親の語りにみられるメタ認知に注目して調べた研究結果から明らかにされたことは、安定した愛着促進には親のメンタライジングが決定的に重要であるということである。つまり過去の親との愛着体験について語るとき、自分の感じ方が果たして妥当なのかを内省できるかどうかということである（上地、2015）。安定型の愛着がメンタライジングを促進する理由として3つあげている。愛着関係の中で生じるやむを得ない葛藤や恐怖という適度なレベルの否定的情動に直面した場合、愛着人物のメンタライジングが惹起されること、このような場合でも安全や慰撫という

情緒的性質が機能すること、そして安定型の愛着関係の中で、ストレス下でもその他の文脈でも愛着人物は乳幼児について常にメンタライズしているので、メンタライジングを積極的に刺激していることが述べられている。精神病理の多くはメンタライジングの抑制か、あるいは発達させ損なったかのどちらかを反映しているととらえられるという。たとえば、養育放棄（ネグレクト）は愛着人物の側のメンタライジングの欠如であり、子ども側のメンタライジングの発達を阻害すると考えられる。ルーマニアの孤児の研究（Rutter & O'Connor, 2004）が明らかにしたのは、子どもが早期の愛着体験を失うと、その後決して回復できないような長期にわたる傷つきやすさ（脆弱性）を発達させてしまうということである。メンタライゼーションの能力は十分には確立できないので、その後愛着の脅威関連性を極端に活性化してしまうのである（アレン＆フォナギー、2011）。

　フォナギーとタルジェ（2013）によるとメンタライゼーションは、自己内省的要素と、対人的要素という2つの要素を含んでいるという。心の状態から対人関係を理解する能力は、自己生成と情動調整のあり方を決定づける。子どもは内省的で良質かつ調律的な成熟した心をもつ人との相互作用によって自分自身の心理的自己を発達させると考えている。そして彼らはメンタライズされた情動性という概念を論じている。これは自分自身の感情の主観的な意味を発見できる能力を表しているという。ウォーリン（2011）は患者のメンタライジング力を回復させるか、あるいは表出させる努力として精神療法を理解している。

　無秩序無方向型（D）タイプと精神病理との関連性や被虐待児とこのタイプとの関連性を指摘する研究がある。たとえば愛着対象の示す怖がらせる行動や怖がっている行動と混乱した情緒的コミュニケーション行動から乳児のDタイプの予測ができるという報告である（Lyons-Ruth et al., 1999）。母親の崩壊的な情動的コミュニケーションと子どもの無秩序無方向（D）型の愛着とは関係があるということである（Lyons-Ruth & Jacobitz, 2008）。

　虐待はメンタライゼーションの能力にも悪い影響を与えるとフォナギー（2008）は指摘している。被虐待児は他児の苦痛に対して共感を示すことが

できないことが多く、また情動制御が下手であるばかりでなく、顔に表出された情動の理解がうまくできない、あるいは自分の内的状態について述べることがほとんどないという結果や、他者の行為についての言語的説明を理解できないという結果も見い出されている。また被虐待児は情動理解の発達が遅れるともいわれている。虐待関係にある親子は、自他の基本的な心的状態や意図について考えて行動を理解する内省の能力（内省機能）に欠けているともいえる。

　Meinsら（2001）は母親の感受性に関して新しい概念を提唱している。子どもの気持ち（心の状態）への感受性とそれを適切に読み、言い表してあげる能力（Mind-Mindedness）と愛着とが関係があると述べている。不安定愛着の母親は、気持ちを適切に表現することが少ないという。

2. 相互作用促進の臨床および愛着理論に基づいた介入研究

　近年、家族システムにおける相互作用や家族成員間の関係についての実証的研究、特に母子相互作用や母子愛着関係およびその臨床的研究の成果が多く蓄積されてきている。相互作用における親の感受性や情緒的応答性、愛着関係形成における養育者の情緒の利用可能性や子どもの主観的安全感の問題など、情動に焦点を合わせた研究、あるいは相互作用の内的作業モデルや心的表象レベルから愛着関係を検討する研究も成果をあげている。家族の否定的な情動コミュニケーションやその表象を修正する臨床的アプローチとその有効性も検討されている（Cassidy, J. & Shaver, P. R., 1999; 2008）。相互作用行動を変えることを目指す治療アプローチがある（McDonough, 1993）。このアプローチは、社会経済的、教育的に不利な立場にある未婚の若い母親たちへの母子臨床から発生したものだが、現在では特別なリスクをもたない親と乳幼児の臨床群で使えることが実証されている。家庭訪問、教育、助言、実際的な援助、サポート、および他の機関との連携介入も含まれている（金谷、2005）。

　このような相互作用促進治療の特徴は、親行動の中で潜在的に良い親行動を探し出し、それが出現するように助けることである。治療セッションの場

で起こる相互作用行動に焦点を合わせて治療的介入を行う。母親、父親または両親と子どもとの5分から15分くらいの相互作用をビデオ録画する。その後すぐに治療者と家族はビデオ録画を見直し、そこで特定された行動が治療の目的になる。親が自分と子どもとのビデオを見てどう感じたか、子どもはどう感じていると思うか、親として自分自身をどう感じているかなどを質問していく。治療者は親の行動を修正させる指摘を行うのではなく、親の好ましい行動を見つけ出し、それを肯定的に強化していくような介入をする。また親が自信をなくしたりしないためにも治療者は手本として子どもと相互交流することはしない。やがて親は相互作用のビデオがなくても話せるようになっていく。この治療の有効性は異なる臨床群で示されているという（スターン、2000）。

　プライア＆グレイサー（2008）によると、愛着理論に基づいた介入研究とは、愛着の安定性をより高め、最適ではない愛着行動や愛着の体制化を少しでも改善させることを目的とした研究である。子どもの愛着の安定性の主要な規定因としての養育者の感受性を高め、子どもと養育者とのやりとりの質を高めることを目的で行われた研究にはその有効性が認められているものもある。たとえばMarvinら（2002）の安全感の環プロジェクト（The Circle of Security Project: サークル・オブ・セキュリティ）は、養育者と就学前児の2者関係への愛着理論に基づいた介入研究である。介入前と介入後にAinsworthら（1978）のストレンジシチュエーション法（Strange Situation Procedure:SSP）による子どもの愛着の型の評価、親発達面接（Parent Development Interview:PDI）による親としての自分自身や子どもとの関係についての表象のアセスメント、Hesse（2008）に説明されている成人愛着面接（Adult Attachment Interview: AAI）による親自身の愛着のタイプの査定を行った。さらにその他の測度での評定や臨床観察も行った。介入はこの査定結果に基づいて個別の目標がたてられた。75組のデータ分析では、子どもの愛着パターンは混乱型から秩序型へ有意に変化し、混乱型の養育者の数が減少したという結果が報告されている。この安全感の環（サークル・オブ・セキュリティ）という早期介入の理論と臨床事例研究はその後も継続して行われ

ている（Cooper et al., 2005; パウエル他, 2008）。

　Toth ら（2002）は、被虐待児のもつ表象モデルを変えるために発達理論に基づいた 2 つの予防的介入を行った。一つは就学前児の親の精神療法で、介入の焦点は母親の愛着生育歴が親子関係に与えている影響を取り上げ、その生育歴を処理させることであった。もう一つはポジティブな子育てを教える心理教育的介入であった。MSSB（マッカーサー・ストーリー・ステム検査バッテリー）を使って子どもの語りから母親の表象と自己の表象を捉え、介入前後の変化を検討した。親スキルに焦点を向けた教育的介入モデルよりも、自己や養育者の表象を改善するうえでは愛着理論に基づいた介入がより効果があったという結果が報告されている。Bakermans-Kranenburg ら（2003）は介入研究のメタ分析を行い、理想的な介入研究のデザインについて論じている。Cassidy ら（2005）は愛着の安定性の先行要因と早期の介入および介入研究について論じている。

　Dozier ら（2001）は、里子養育を受けている幼児にとっての愛着について、里親の愛着の心の状態と里子の愛着の質との一致性から検討している。里子の非体制型愛着は、自律型の里母の子どもでは 21％、非自律型の里母の子どもでは 62.5％で、有意差があった。生後 1 年以内に里子になった場合、新しい養育者が利用可能である程度に応じて、愛着行動を体制化できるということが示唆された。被虐待児の語りから、養子縁組措置の 1 年後と 2 年後の愛着表象の変化を検討している研究結果がある（Steel et al., 2003）。それによると愛着関係に関する子どもの内的作業モデルが変容したというには程遠いこと、新しいポジティブな表象を発達させるとき、既存のネガティブな表象と対抗させながら、表象を発達させること、古い期待や知覚は脆弱性として残ること、これらが状況に応じて簡単に活性化されることがあることなどが結論として述べられている。

　フォナフギー（2008）は、愛着理論と精神分析を統合する可能性のある研究者として Lyons-Ruth、Jeremy Holmes、Arietta Slade、Alicia Lieberman の 4 人について、その理論的および臨床的研究を紹介している。Lyons-Ruth は非体制 / 無方向（D）型の性質、原因、および結果に関する先駆的研究を

行った（Lyons-Ruth et al., 1999;2008）。彼女は実証科学と精神分析理論の両方の進展に同時にかかわっている、数少ない精神分析家の一人であるとフォナギーは評価している。Jeremy Holmes は、精神分析と愛着理論の統合に貢献しており、愛着理論とクライン派との関連性を示唆しているという。また愛着理論を心理療法の中心に捉えており、愛着に基づいた簡易的介入（brief attachment based intervention: BABI）を提案している（Holmes,1998）。彼の治療的アプローチにおける心理的変化のモデルは、「語りを通した治癒」を愛着理論の概念と結びつけている。Arietta Slade は、精神分析的心理療法の実践と愛着理論の実証研究とを結びつけ、愛着理論と子どもへの臨床実践に関する研究との関連性を考察している（Slade, 1999a; 2000）。治療における記憶へのアプローチは AAI の開発者である Main の示唆に負うところが多いという。語りにおける失敗や欠落の特徴が、患者の現在の障害や不適応の原因となっているかもしれず、子どもの頃の経験がどのようなものだったかについて、ヒントを与えてくれると主張している。Alicia Lieberman はフライバーグ（Fraiberg, 1980）が確立した、人生初期の3年間における親子関係の障害を扱う乳児－母親心理療法の流れを引き継いでいる。乳児－母親心理療法において、養育のための内的作業モデルは、治療者の肯定的関心、親の欲求への注意深さ、共感的な応答性によって変化すると考える。内的作業モデル概念は、親が経験を理解するための助けとなるとともに、乳児の内的経験がどのようなものであるかを理解するうえでも活用される（Lieberman, & Zeanah,1999）。

　近年、日本の子育てや家族にまつわる社会問題、とくに子どもへの虐待やネグレクトが深刻化し、悲惨な結果も多く報告されている。子どもの心身の健康と幸福のためには、愛着理論に基づいた実証研究の成果の共有そしてそれらの成果を踏まえた支援方法の検討と開発が必須であると考える。

引用・参考文献

Ainsworth, M. (1969) *Maternal Sensitivity Scales: Revised*. Johns Hopkins University, Baltimore, Mimeograph.

Ainsworth, M. D., Blehar, M. C., Waters, E. & Wall, S. (1978) *Patterns of Attachment*. Hillsdale, NJ: Lawrence Erlbaum Associations.

アレン・J. G.、フォナギー・P.（2011）『メンタライゼーション・ハンドブック MBT の基礎と臨床』岩崎学術出版社

アレン・J. G.、フォナギー・P.、ベイトマン・A. W.（2014）『メンタライジングの理論と臨床』北大路書房

Backerman-Kranenberg, M., van IJzendoorn, M. & Juffer, F. (2003) *Less is more: meta-analyses of sensitivity and attachment intervention in early childhood*. Psychological Bulletin, 129, 195-215.

ビービー，B.／ラックマン，F. M.（2008）『乳児研究と成人の精神分析』富樫公一（監訳)、誠信書房

ブリッシュ・K. H.（2008）『アタッチメント障害とその治療理論から実践へ』数井みゆき、遠藤利彦、北川恵（監訳)、誠信書房

Bowlby, J. (1969) *Attachment and loss: Vol.1. Attachment*. New York: Basic Books. (黒田実郎他訳〔1991〕『母子関係の理論Ⅰ愛着行動』岩崎学術出版社）

Bowlby, J. (1973) *Attachment and loss: Vol.2. Separation: Anxiety and anger*. New York: Basic Books. (黒田実郎他訳〔1995〕『母子関係の理論Ⅱ分離不安』岩崎学術出版社）

Bowlby, J. (1979) *The making and breaking of affectional bonds*. London: Tavistock. (黒田実郎他訳〔1991〕『母子関係の理論Ⅲ対象喪失』岩崎学術出版社）

Bowlby, J. (1980) *Attachment and loss:Vol.3. Loss: Sadness and depression*. New York: Basic Books.

Bowlby, J. (1988) *A secure base.: Parent-child attachment and healthy human development*. New York: Basic Books.

Bretherton, I, & Munholland, K. A. (1999) Internal working models in attachment relationships: A construct revisited. In J. Cassidy & P. Shaver(Eds.), *Handbook of attachment: Theory, research, and clinical applications*. New York: Guilford.

Bretherton, I., and Oppenheim, D. (2003) The MacArthur Story Stem Battery: development, administration, reliability, validity, and reflections about meaning. In R. Emde, D. Wolf and D. Oppenheim (Eds.), *Revealing the Inner Worlds of Young Children: the MacArthur Story Stem Battery and Parent-Child*

Narratives. Oxford: Oxford University Press.

Campos, J. J., Barrett, K. C., Lamb, M. E., Goldsmith, H. H. & Stenberg, C. R. (1983) Socioemotional development. In P. H. Mussen (Ed.), *Handbook of Child Psychology, Vol.2, Infancy and Developmental Psychobiology* (4th ed.). John Wiley & Sons.

Carlson, E. (1998) A prospective longitudinal study of attachment disorganization/disorientation. *Child Development* 69, 4, 1107-1128.

Cassidy, J. & Shaver, P. (1999) *Handbook of Attachment: Theory, Research and Clinical Applications*. New York: Guilford Press.

Cassidy, J., Woodhouse, S., Cooper, G., Hoffman, K., Powell, B., & Rodenberg, M. (2005) Examination of the precursors of infant attachment security: implications for early intervention and intervention research. In L. Berlin, Y. Ziv, L. Amaya-Jackson & M. Greenberg (Eds.), *Enhancing Early Attachments: Theory, Research, Intervention, and Policy*. New York: The Guilford Press.

Cooper, G., Hoffman, B., Powell, B. and Marvin, R. (2005) The Circle of Security Intervention: Differential Diagnosis and Differntial Treatment. In L. J. Berlin et al. (Eds.), *Enhancing Early Attachments*. The Guilford Press. 127-151.

Dozier, M., Stovall, K., Albus, K. & Bates, B. (2001) *Attachment for infants in foster care: the role of caregiver state of mind. Child Development*, 72, 1467-1477.

Emde, R. N. & Sorce, J. F. (1988)「乳幼児からの報酬：情緒的応答性と母親参照機能」『乳幼児精神医学』J. D. コール、E. ギャレンソン、R. L. タイソン（編）小此木圭吾（監訳）、岩崎学術出版社

遠藤利彦（2007）「アタッチメント理論とその実証研究を俯瞰する」数井みゆき、遠藤利彦（編著）『アタッチメントと臨床領域』1-58 ミネルヴァ書房

Field, T., Healy, B., Goldstein, S., Perry, D., Bendell, D., Schanberg, S., Simmerman, E. & Kuhn, O. (1988) Infants of depressed mothers shown "depressed" behavior even with non-depressed adults. *Child Development*, 59, 1569-1579.

フォナギー・P.（2008）『愛着理論と精神分析』遠藤利彦、北山修（監訳）、誠信書房

フォナギー・P., タルジェ・M.（2013）『発達精神病理学からみた精神分析論』馬場禮子、青木喜久代（監訳）、岩崎学術出版社

Fraiberg, S. (1975) The development of human attachments in infants blind from birth. *Merrill-Palmer Quarterly*, 21, 315-334.

Gianino, A, and Tronick, E. Z. (1988) The mutual regulation model: The infant's self and interactive regulation coping and defense. In T. Field, P. McCabe, and N. Schneiderman (eds.), *Stress and Coping* 47-68, Hillsdale, NJ: Erlbaum.

Greenberg, M., DeKlyen, M., Endriga, M., & Spelz, M., (1997) The role of attachment processes in externalizing psychopathology in young childeren. In I. Atkinson & K. J. Zucher (Eds.), *Attachment and psychopathology*. New York: Guilford Press.

Hess, E. (2008) The adult attachment interview: Protocol, method of analysis, and empirical studies. In J. Cassidy & P. R. Shaver (Eds.), *Handbook of Attachment (Second Edition): Theory, Research, and Clinical Applications*. 552-598. New York:

Holmes, J. (1998) Defensive and creative uses of narrative in psychotherapy: an attachment perspective. In G. Roberts and J. Holmes (Eds.), *Narrative and Psychotherapy and Psychiatry*, 49-68, Oxford University Press.

Jaffe, J., Beebe, B., Feldstein, S., Crown, C. & Jasnow, M. (2001) Rhythms of dialogue in early infancy. *Monographs of the Society for Research in Child Development*, 66（2）Serial No.264, 1-132.

上地雄一郎（2015）『メンタライジング・アプローチ入門』北大路書房

金谷有子（1999）「乳幼児と母親及びきょうだいとの争いやからかいにみられる情動調律と他者の心の理解」科学研究費補助金基礎研究Ｃ２研究成果報告書

金谷有子（1990）「母子関係（アタッチメント）の形成と発達」『発達の心理学と医学』1（3）、323-331

金谷有子（1991）「母子相互作用）過程と発達」三宅和夫（編著）『乳幼児の人格形成と母子関係』第２部第３章 109-126 東京大学出版会

金谷有子（1994）「母子遊びにおける感情信号の性質と構造」『國學院短期大学紀要』第 12 巻 43-54

金谷有子（1999a）「乳幼児の「対話する心」―家族やともだちとの楽しい遊びや対立からの分析」『國學院短期大学紀要』第 17 巻 3-25

金谷有子（1999b）「乳幼児と母親及びきょうだいとの争いやからかいにみられる情動調律と他者の心の理解」科学研究費補助金基礎研究Ｃ２研究成果報告書

金谷有子（2003）「生涯発達から探るアタッチメント理論とその臨床的意義について」札幌国際大学紀要第 34 号 65-75

金谷有子（2005）「乳幼児期おけるメンタルヘルスの理論研究と臨床応用について」

札幌国際大学紀要第 36 号 39-50

金谷有子（2009a）「愛着理論の臨床応用と課題」私立大学経常費補助金特別補助学術研究推進特別経費報告書 4-15

金谷有子（2009b）「愛着理論の縦断研究とその臨床応用への寄与について」埼玉学園大学紀要人間学部篇第 9 号 185-196

金谷有子（2014）「発生する＜身体＞：家族コミュニケーションと情動発達」『身体に関連した発達支援におけるユニバーサルデザイン』70-79 金子書房

金谷有子、川上清文、須田治、高井清子（1981）『施設乳幼児のインタラクションの発達研究』東京都立母子保健院乳幼児発達研究発表論文集第 3 号 18 − 24

金谷有子、川上清文、須田治、高井清子（1982）「乳児と母親との会話の成立過程―事例研究―」秋山高二、山口常夫、F. C. パン（編著）『言語の社会性と習得』文化評論社 209-220

Kawakami, K., Takai, K. & Kanaya, Y. (1994) A Longitudinal Study of Japanese and American Mother-Infant Interaction, *Psychologia*, 37, 18-29, Kyoto University

Lieberman, A. F. & Zeanah, C. H. (1999) Contributions of attachment theory to infant-parent psychotherapy and other interventions with infants and young children. In J. Cassidy and P. Shaver (Eds.), *Handbook of Attachment.: Theory, Research and Clinical Applications*. London: Guilford Press.

Lyons-Ruth, K. & Jacobitz, D. (2008) Attachment disorganization: Genetic factors, parenting contexts, and developmental transformation from infancy to adulthood. In Cassidy, J. & Shaver, P. R. (Eds.), *Handbook of Attachment (Second Edition): Theory, Research, and Clinical Applications*. 666-697. New York: Guilford Press.

Lyons-Ruth, K., & Jacobovitz, D. (1999) Attachment disorganization: unresolved loss, relational violence and lapses in behavioral and attentional strategies. In J. Cassidy and P. Shaver (Eds.), *Handbook of Attachment.: Theory, Research and Clinical Applications*. London: Guilford Press.

Main, M., Kaplan, N., & Cassidy, J. (1985) Security in infancy, childhood, and adulthood: A move to the level of representation. In I. Bretherton & E. Waters (Eds.), *Growing points of attachment theory and research, Monographs of the Society for Research in Child Development*, Vol.50, 66-106.

Main, M., & Solomon, J. (1986) Discovery of an insecure disorganized/disoriented attachment pattern: procedures, findings and implications for the classification of befavior. In T. Brazelton and M. Yogman (Eds.), *Afective Development in Infancy.* Norwood NJ: Ablex.

Main, M., & Hesse, E. (1990) Parents' unresolved traumatic experiences are related to infant disorganized attachment status: Is frightened and/or frightening parental behavior the linking mechanism? In M. T. Greenberg, D. Cicchetti & E. M. Cummings (Eds.), *Attachment in the preschool years.* Chicago: University of Chicago Press.

Main, M., Hesse, E., & Kaplan, N. (2005) Predictability of attachment behavior and representational processes at 1, 6, and 19 years of age: The Berkeley longitudinal study. In Klaus E. Grossmann, Karin Grossmann, Everett Waters (Eds.) (2005) *Attachment from Infancy to Adulthood: The Major Longitudinal Studies.* New York: Guilford Press.

Malatesta, C., Culver, C., testman, J. & Shepard, B. (1989) The development of emotion expression during the first two years of life. *Monographs of the Society for Research in Child Development*, 54(1-2), Serial No.219, 1-33.

Marvin, R., Cooper, G., Hoffman, K. & Powell, B. (2002) The Circle of Security project: attachment-based intervention with caregiver-preschool child dyads. *Attachment and Human Development*, 4, 1, 107-124.

McDonough, S. C. (1993) Interaction guidance: Understanding and treating early infant-caregiver relationship disorders. In C. H. Zeanah, Jr. (Ed.), *Handbook of Infant Mental Health*. 414-426. New York: Guiford Press.

Meins, E., Fernyhough, C., Fradley, E. & Tuckey, M. (2001) Rethinking maternal sensitivity:mothers' comments on infants' mental process predict security of attachment at 12 months. *Journal of Child Psychology and Psychiatry* 42, 637-648.

Nakano, S. & Kanaya, Y. (1993) The effects of mothers' teasing: Do Japanese infants read their mothers' play intention in teasing? *Early Development and Parenting*, Vol. 2(1), 7-17.

パウエル，B. 他（2008）「サークル・オブ・セキュリティという取り組み――事例研究：″自分がもらえなかったというものを与えることはつらいよね″」ダビット・オッペンハイム＋ドグラス・F・ゴールドスミス（編）『アタッチメントを応用した養育者と子どもの臨床』数井みゆき他（訳）、ミネルヴァ書房、205-246

プライア・V. & グレイザー・D.（2008）『愛着と愛着障害』加藤和生（監訳）、北大路書房

Rutter, M. & O'Connor, T. G. (2004) Are there biological programming effects for psychological development? Findings from a study of Romanian adoptees. *Developmental Psychology*, 40, 81-94.

Slade, A. (1999a) Attachment theory and research: implications for the theory and practice of individual psychotherapy with adults. In J. Cassidy and P. Shaver (Eds.), *Handbook of Attachment: Theory, Research and Clinical Applications*. London: Guilford Press.

Slade, A. (2000) The development and organization of attachment: implications for psychoanalysis. *Journal of the American Psychoanalytic Association*, 48, 1147-1174.

Sroufe, A., Egeland, B., Carlson, E., & Collins, A. (2005) *The Development of the Person: The Minnesota Study of Risk and Adaptation from Birth to Adulthood*. New York: Guilford Press.

Steel, M., Hodges, J., Kaniuk, J., Hillman, S., Henderson, K. (2003) Attachment representations and adoption: associations between maternal states of mind and emotion narratives in previously maltreated children. *Journal of Child Psychology*, 29, 187-205.

Stern, D. (1985). The Interpersonal World of Infant. New York: Basic Books. （小此木圭吾他訳［1989］『乳児の対人世界理論篇』岩崎学術出版社）

スターン、D. N．(2000)『親―乳幼児心理療法母性のコンステレーション』馬場禮子、青木喜久代（訳）、岩崎学術出版社

Thompson, R. A. (2008) Early attachment and later development. In J. Cassidy, J. & P. R. Shaver (Eds). *Handbook of Attachment Second Edition: Theory Research and Clinical Applications*. 348-365. New York: Guilford Press.

Toth, S., Maughan, A., Manly, J., Spagnola, M., & Cicchetti, D. (2002) The relative efficacy of two interventions in altering maltreated children's representational models: implications for attachment theory, *Development and Psychopathology* 14, 877-908.

Trevarthen, C. (1993) The self born in intersubjectivity: The psychology of an infant communicating, In U. Neisser (Ed.), *The perceived self: Ecological and interpersonal sources in the self-knowledge*. New York: Cambridge University

Press. 121-172.

Tronick, E. (1989) *Emotions and emotional communication in infants.* American Psychologist, 44, 112-119.

トロニック,E. Z.(2011)「乳児の情緒と情緒のコミュニケーション」ラファエル・レフ,J.(編)木部則夫(監訳)『母子臨床の精神力動精神分析・発達心理学から子育て支援へ』岩崎学術出版社、42-62

Tronick, E. & Gianino, A. (1986) Interactive mismatch and repair: Challenges to the coping infant. *Zero to Three Bulletin of the National Center Clinical Infant Program*, 5, 1-6.

Van IJzendoorn, M. H. (1995) Adult attachment representations, parental responsiveness and infant attachment: A meta-analysis on the predictive validity of the Adult Attachment Interview. *Psychological Bulletin*, 117, 387-403.

van IJzendoorn, M., Schundgel, C. & Bakermans-Kranenburg, M. (1999) Disorganized attachment in early childhood: meta-analysis of precursors, concomitants, and sequelae. *Developmental Psychopathology*, 11, 225-249.

ウォーリン,デイビッド・J.(2011)『愛着と精神療法』津島豊美(訳)、星和書店

第6章 在宅医療を受ける子どもの発達支援
―― 国連遊びに参加する子どもの権利に基づいて

山 本 智 子

第1節 端　緒

　日本では、出生数は減少する一方、保健医療の進歩等に伴い、NICU（新生児集中治療室）等に長期間入院した後、在宅医療等において人工呼吸器等の管理や喀痰の吸引等の医療的ケアを必要とする子どもの割合が増加する傾向にある。

　在宅医療等を受ける病気や障がいのある子どもを支援するために、日本では、二〇一二年に実施された児童福祉法（昭和二十二年　法律第百六十四号）の改正により、子どもに身近な地域において必要な発達支援を受けられるように、障がいの種別で区分されていた給付体系が通所または入所の利用形態別に一元化された。また、同法の改正に伴い、放課後等デイサービス事業および保育所等訪問支援制度が創設された。それでもなお、在宅医療を受ける子どもの発達支援にあたっては不十分さが指摘されており、児童発達支援センター等における通所支援の機能の活用や保育等の他の制度との連携等をとおして、十分な支援の確保ならびにその質の向上のための検討が重ねられているところである。

　子どもには、生命および生存のみならず、発達を保障することが求められる。生命、生存および発達を子どもに保障することは、国連子どもの権利条約の一般原則である第六条を中心に保障された子どもの基本的な権利であ

る。

　乳幼児期からの子どもの発達支援は、遊びや生活の過程において総合的に実施される（山本、2016、8頁）。日本では、医療的ケアを必要とする子どものうち、病院に措置された子どもについては、一九八五年にヨーロッパで採択され、一九八九年に子どもの権利条約が採択されて以降はこの条約との関係が明示された「ヨーロッパ　病院のこども憲章」（EACH CHARTER）、あるいは、病院独自に制定された子ども憲章等に基づいて、年齢や病態に応じて遊びに参加する権利が確保されている[1]。

　病院に措置された子どもの遊びは、家族の他に、子どものケアに日常的に関わる看護師および医師等によっても確保されてきた。また、入院する子どもおよび家族と共に院内外で遊びを楽しむことを主要な活動とするボランティア団体も、病院に措置された子どもの遊びの確保の実現に寄与してきた（神田、2006、71-75頁）。

　さらに、病院に措置された子どもの遊びに関しては、遊びを主な専門領域とする専門職によってもその確保が促進されている。

　日本において、こうした役割を早くから果たしてきたことが報告されるのは、保育士である。日本では、一九五四年に聖路加国際病院の小児科病棟に保母（当時。以下省略）が配置されたことに始まり、一九六五年には国立療養所（当時）の重症心身障がい児病棟でも保母が配置された（入江、2011、9頁）。二〇〇二年度からは、診療報酬制度に加算措置が適用されたことを契機として病院への保育士の配置が促進され、二〇〇七年には、日本医療保育学会による認定資格として医療保育専門士が養成されることになった（帆足、2009、1031-1035頁）。

　この他に、日本では、治療を受ける子どもの遊びに関する専門職として、ホスピタル・プレイ・スペシャリスト（H. P. S.）およびチャイルド・ライフ・スペシャリスト（C. L. S.）が活躍している。

　前者のホスピタル・プレイ・スペシャリストは、病院等で治療を受ける子どもに遊びを確保する環境を整備し、遊びの有する力を活用することにより子どもを支援する専門職であり、一九九二年にイギリスの国家資格として承

認された(田中、2005、1911-1916頁)。ホスピタル・プレイ・スペシャリストの主要な役割は、遊びをとおして一人ひとりの子どもの発達を支援するだけでなく、治療や療養環境が子どもに与える精神的苦痛を緩和する心理的支援の範囲にわたる。ホスピタル・プレイ・スペシャリストの支援対象には、子どもおよび親やきょうだい等の家族が含まれる。

一方、後者のチャイルド・ライフ・スペシャリストは、子どもの生活という観点を基に、遊び等の活動により子どもの発達を支援することに加えて、入院や治療等に伴う子どもや家族の不安およびストレスの緩和を支援する専門職であり、カナダやアメリカ等において養成されている(藤井、2000)。日本では、近年、チャイルド・ライフ・スペシャリストの日本版として、子ども療養支援士が養成されつつあり、入院する子どもを中心に、遊びの確保を含めて、治療を受ける子どもの生活全般を支援する役割を果たすことに期待されている[2]。

日本において在宅医療を提供する一部の医療機関では、治療を受ける子どもとの遊びに関わる専門職を子どもの自宅に定期的に訪問させる援助が実施されており、病院に措置された子どもと同様に、在宅医療を受ける子どもに遊びが確保されるように支援されている。しかしながら、在宅医療で治療を受ける子どもへの社会的支援は、現況では、治療およびリハビリテーションの他に、教育等の子どもの自立に直接的に関わる活動が中心である。一方、遊びは、在宅医療を受けるすべての子どもに確保されているわけではない。母親が就労する世帯も少なくない家族の負担の増大が懸念される状況にあって、一日の大半もしくは全てを自宅で生活する子どもも存在する在宅医療において、如何にして遊びを日常的に確保するかが課題となっている。

第2節　先行研究の検討および本稿の目的と方法

日本での子どもの在宅医療に関わる先行研究においては、家族を含めた「支援の必要性」および「支援の在り方」について検討された。

まず、「支援の必要性」に関しては、子どものQ. O. L.の向上の観点に基づいた在宅医療への移行を実現するために、保健医療、社会福祉、教育および地域社会等の領域にわたる社会的活動を包括的に活用した支援が必要であることが指摘された（澤田、2004、15-17頁）。

　次に、「支援の在り方」に関しては、家族を含めた支援、ならびに、子どもを中心とした支援の在り方が提示された。

　第一に、家族を含めた支援では、訪問診療、訪問看護および訪問リハビリテーション等の「医療的支援」、ホーム・ヘルパーによる介護等の「生活・介護支援」、デイサービス施設および短期入所施設の整備等の「家族のためのレスパイトケア」の他、これらを適切に機能させるための「ケア・コーディネーターの育成と制度化」の必要性が強調された（前田、2012、85頁）。また、これらの支援を発展させる観点から、通信情報技術を医療機器管理に活用する等の方法および症例に基づいた課題等が挙げられた（阪井、1996、33-36頁）。さらに、超重症の子どもや家族の支援に関して、二四時間の介護支援を提供する「パーソナル・アシスタント制度の確立」、「一般病院における救急一時入院の受け入れ、病院でのショート・ステイの実施や、重症児通所施設の利用に関わる制度の整備」、「重症児入所施設の充実による社会的支援の拡大」、ならびに、共同生活での介護を確保する「ケア・ホームの設立」等の実現について提案された（杉本、2012、92-94頁）。

　第二に、子どもを中心とした支援では、訪問教育の実施等の教育上の課題に加えて（猪狩、2012、102-104頁）、遊びを子どもに確保するための制度的課題が指摘され、自宅を定期的に訪問して子どもと遊ぶ専門職の人員の十分な配置（松平、2010、57-60頁）、ならびに、人工呼吸器を使用する子どもが旅行するための移動や医療手段の確保が課題として挙げられた（太田、2012、93-94頁）。

　遊びは、子どもの権利条約第三一条（休息、余暇、遊び、文化的・芸術的生活への参加）を中心に確保された基本的な子どもの権利である。締約国の条約の実施状況を監視する国連子どもの権利委員会は、二〇一三年三月に一般的意見一七号「休息、余暇、遊び、レクリエーション活動、文化的生活およ

び芸術への子どもの権利」（以下「意見一七号」）を採択し、締約国に対して第三一条の実施を改めて強く勧告した[3]。

　子どもの権利条約との関係に基づいて、在宅医療を受ける病気や障がいのある子どもに遊びを子どもの権利として確保するために、どのような条件を満たせばよいのか。本稿では、在宅医療を受ける子どもの権利保障を発展させることを目的として、この問いについて検討する。以下では、子どもの権利条約第三一条および意見一七号に基づいて、在宅医療を受ける子どもに子どもの権利として遊びを確保するための条件を示す。

第3節　結果および考察

1．子どもの権利としての遊び

　子どもの権利としての遊びは、子どもの自律性の行使の尊重を要件とする。

　意見一七号では、子どもの権利条約の第三一条で規定された子どもの権利としての遊びについて、「子どもにより始められ統制され組み立てられた行動、活動あるいは過程」であり、子どもにより「いつでもどこでも行われるもの」であることが指摘された（para.14c）。そのうえで、意見一七号では、子どものケア提供者に対して、遊びが「ある目的の手段」ではなく「それ自体が目的」であるために、「遊びが子どもの内在的な動機から営まれること」を子どもに保障し、これを実現するための「環境の創造に寄与」することが勧告された。

　また、意見一七号では、第三一条一項の「自由に参加する」という文言との関係からも、遊びに関して子どもによるアクセス、選択および参加を尊重するよう強調された（para.14g）。

　さらに、意見一七号では、子どもが遊ぶことを動機づけられるうえで重要な因子である、「喜び」、「不確実性」、「挑戦」、「柔軟性」および「非生産性」といった遊びの有する特性を子どもとの遊びにおいて確保する必要性も示唆

された。

　しかしながら、子どもの権利としての遊びの要件である子どもの自律性の行使の尊重は、第三一条の制定過程の当初から確保されていたわけではない。

　第三一条の制定過程にあった一九八〇年に、ワーキング・グループにより第三一条の審議のためのたたき台として採択された文書では、遊びに関する規定が含まれていなかった[4]。第三一条に遊びに関する規定が加えられたのは、カナダから一九八三年および翌一九八四年に続いて提案された以下の条項以降である[5]。

　　一項：すべての子どもは、休息しかつ余暇をもつ権利、遊びおよびレクリエーションを行う権利、ならびに、文化的生活および芸術に自由に参加する権利を有する。
　　二項：親、ならびに、締約国、教育諸機関、および、子どもたちをケアする他の者は、学校や労働の時間に関する合理的な制限を含めて、この権利を履行するための手段を講じる。

　このカナダ提案は、一九八五年の審議で、一項に関して「その年齢にふさわしい」という句の追加（キューバ提案）等が、また、二項に関して締約国の責任の強化（アメリカ提案）等が求められたことを反映して、一九八九年の第一読会終了時には、以下のように修正された[6]。

　　一項：締約国は、この条約において、休息しかつ余暇をもつ権利、年齢にふさわしい遊びおよびレクリエーション活動を行う権利、ならびに、文化的生活および芸術に自由に参加する子どもの権利を認める。
　　二項：締約国は、この条約において、子どもが文化的および芸術的生活に十分に参加する権利を尊重しかつ促進し、ならびに、文化的活動、芸術的活動、レクリエーション活動、および、余暇活動のための適当かつ平等な機会の提供を奨励する。

第6章　在宅医療を受ける子どもの発達支援——国連遊びに参加する子どもの権利に基づいて

　この修正案は、一九八九年に開催された第二読会での審議で現行の規定に修正され[7]、同年に第三一条として採択された[8]。

　以上のようにカナダ提案を契機に子どもの権利条約に子どもの遊びに参加する権利が追加されたのは、IPA（International Playground Association, 子どもの遊ぶ権利のための国際協会）の活動が影響を与えたことが指摘されている（安部、2007、20-21頁）。

　一九六一年にイギリスにおいて設立されたIPAは（当時は「国際遊び場協会」）、一九七七年に「IPA子どもの遊ぶ権利マルタ宣言」を採択した[9]。マルタ宣言では、遊びが、「子どもが生まれながらにもつ能力を伸ばすために欠かせないもの」であり、かつ、「子どもが生きていくために必要な様々な能力を身につけるために不可欠なもの」であることが指摘された。

　また、遊びとは、「本能的なものであって、強いられて行うものではなく、ひとりでに湧き出てくるもの」であることが提示され、こうした遊びを確保するために、「子どもが自身の関心に基づいて活動できる場所や時間を設定」すること、ならびに、「様々な背景をもつ多様な年齢の人々が子どもに関わる機会を確保」することを奨励し、治療を受ける子どもにも遊びを保障することが求められた。

　さらに、子どもの権利条約が採択された一九八九年に改定されたマルタ宣言では、子どもとの遊びの計画に関する決定過程に子どもの参加を確保する規定の他、地域活動プログラムをとおして特別なケアを必要とする子どもを遊びの環境に包摂することを促進する規定が新たに含まれた。

　それ故に、子どもの権利条約では、一九五九年に採択された子どもの権利宣言で規定された遊びの権利とは異なり、遊びの目的が規定されず、子どもの権利として確保される遊びが限定的に扱われなかった[10]。

2．子どもの生活における遊びの重要性

　では、なぜ、遊びは、子どもの権利として国際的に重視されるのか。

　意見一七号では、「子どもの生活」との関係から、第三一条を実施する重

要性が示された。

　第一に、意見一七号では、「子どもの生活を豊かにする」観点から、この条項自体および条約全体との双方の関係で以って、第三一条を包括的に理解し実施するように勧告された（para.8）。さらに、第三一条に関して、ユニークで発達の過程にある「子ども時代の特性を保護」するために必要な条件であり、子ども時代の質、子どもの発達の機会、レジリエンスの促進および他の権利を確保するうえで、実現する必要のあることが指摘された。

　その実施のために、意見一七号では、第三一条の各条項の分析に加えて、条約の一般原則および他の条項との関係に基づいて、第三一条を実施すべきであることが勧告された。

　このうち、一般原則である第二条（差別の禁止）との関係では、障がいのある子どもを含めて、いかなる種類の差別もなく、あらゆる子どもに対して第三一条を確保する措置を講じなければならないことが締約国に要請された（para.16）。

　また、第二三条（障がいのある子どもの権利）との関係においては、第三一条の行使に関して、障がいのある子どもも遊びのための環境や設備にアクセスでき遊びを確保されなければならないことが勧告された（para.24）。さらに、障がいのある子どもにも等しく遊びへの参加が確保されるためには、おとなや仲間による認識や支援が必要であることから、意見一七号では、家族およびケア提供者の他、専門職に対して、障がいのある子どもの遊びに参加する権利、ならびに、その実現のための手段が確保されることの価値について認識することが求められた。

　そして、第二四条（健康・医療への子どもの権利）との関係では、第三一条を実現することが、子どもの健康、well-being および発達の促進に寄与するものであることに加えて、病気の子どもにおいては回復を促進するうえで重要な役割を果たすことに期待されるものであることが提示された（para.25）。

　加えて、障がいのある子どもに関しては、家庭内での孤立、身体的な課題および障がいのある子どもを包摂しない政策等の多様な障壁が第三一条で確保された権利へのアクセスを妨げていることが指摘され、締約国に対して障

壁を除去し遊びのアクセスや利用を促進するための措置を率先して講じるように求められた（para.50）。

この勧告に関して、意見一七号では、先の第二条と同じく条約の一般原則である第一二条（子どもの意思の尊重）との関係から、障がいのある子どもを含めて、あらゆる子どもに第三一条を確保するための立法、政策、方策およびデザインを発展させることに寄与する機会を確保するよう強調された（para.19）。その例には、子どもの遊びに関連した政策に関する協議、子どもに親しみ易いコミュニティおよび環境の計画やデザイン、ならびに、遊びの機会に関するフィードバック等が挙げられた。

第二に、意見一七号では、遊びを「子どもの健康、well-beingおよび発達の促進」に不可欠なものとして子どもに確保するよう勧告された（para.9）。その根拠には、遊びが、子どもの学習に係るあらゆる側面に寄与すると共に、子どもにとっては日常生活における参加そのものであり、子どもに楽しみや喜びを与える点で子どもに固有の価値であることが挙げられた。

そして、第三に、意見一七号では、子ども自身および子ども同士に加えて、子どもに支援的なおとなと一緒に行われうるという遊びの有する特性から、「子どもの理解」、ならびに、「子どもとの間の相互的な尊重」という視点をふまえた第三一条の実施が勧告された（para.10）。この視点には、遊びが、子どもにとって、遊びをとおして愛しケアしてくれるおとなにより発達を支援されうるものであると共に、おとなには、子どもの理解をもたらすものであり、また、両者の関係においては、効果的なコミュニケーションに寄与するものであることを含むことが求められた。

一方、おとなが子どもの遊びを統制する場合には、子どもの創造性、リーダーシップや、チーム・スピリットの発達に係る効果を減じるおそれがあることから、おとなが子どもと遊ぶ際には、子ども自身が遊びを計画し実行することの重要性が指摘された。

3. 子どもの権利として遊びが確保されるための環境の条件と課題

子どもの生活との関係において重視される子どもの権利としての遊びを確

保するためには、どのような環境を整備すればよいのか。意見一七号では、これを実現するための環境の条件および課題が挙げられた。

　第一に、(1)「環境」の条件としては、以下の一三項目が提示された(para.32)。

　1) ストレスからの自由
　2) 社会的排除、偏見および差別からの自由
　3) 有害なものおよび暴力から保護される環境
　4) 汚染、公害および危険から十分に自由な環境
　5) 休息の利用のしやすさ
　6) 余暇時間の利用のしやすさ
　7) 遊びのための場所および時間のアクセスのしやすさ
　8) 必要な場合にアクセスを容易にするおとなによる支援を伴った、戸外で遊ぶための場所および機会
　9) 自然環境および動物と相互的に関わる機会
　10) 遊びのための場所および機会を創造・発展させる機会
　11) 文化的芸術的遺産を探究・理解する機会
　12) 他の子どもと参加する機会
　13) 第三一条で規定された権利の価値および正当性の認識

　そして、第二に、(2)「課題」には、以下の一一項目が挙げられた(para.32-47)。

　1) 遊びおよびレクリエーションの重要性の認識の欠如
　2) 環境の乏しさおよび危険性
　3) 子どもが公的な場を利用することへの抵抗
　4) リスクと安全性のバランス
　5) 自然環境へのアクセスの欠如
　6) 教育的な到達への圧力
　7) スケジュールの過密な構成や計画

8）発達計画における第三一条の無視
9）子どものための文化的および芸術的な機会に関する投資の欠如
10）電子メディアの役割の増大
11）遊びの市場および営利的活動

　自立のための社会的支援が重点化されがちな在宅医療を受ける子どもの課題に関わる項目として、(2) 1) の「遊びおよびレクリエーションの重要性の認識の欠如」では、子どもの遊びが、多くの地域において「失われた時間」と理解され、学習や経済活動が優先されると共に、「騒がしい」もので「汚らし」く「破壊的」であり「邪魔なもの」とみなされていることが提示された（para.33）。そのうえで、第三一条に関して、「遊びに参加する権利」、ならびに、「well-being、健康、および、発達のために重視される権利」のいずれについても、「ほとんど理解されず評価されていない」こと、さらには、おとなが「子どもの遊びを支援し、子どもと遊びながら相互的な関係を築くうえでの信用、技能、および、理解を欠いている」ことが指摘された。また、年長の子どもの遊びに関して、仲間と出会い独立性を高めておとなへの移行を探求する過程を確保する観点から、一層の遊びの重要性の認識が必要であることが強調された。

　続いて、(2) 2) の「環境の乏しさおよび危険性」においては、子どもに健康、発達および安全を確保するために、保護とリスクの双方を提供する必要性が提示され、子どもに対して、不適切な危険が取り除かれるように配慮すると共に、探検および創造の機会が提供される場を確保するように求められた（para.34）。この項目に関連して、(2) 4) の「リスクと安全性のバランス」では、容認できない危険を減じるための行動をとると共に、子どもに情報を提供し、子どもの能力を高めて、子どもをエンパワメントするなど、子ども自身が安全性を高めることができるために必要な予防策を講じる必要があることも指摘された（para.39）。また、リスクの水準を定義する原則を成立させる際には、子どもから経験や懸念の表明を求め、その成果を活用することが勧告された。

また、(2) 7) の「スケジュールの過密な構成や計画」では、例えば、障がいのある子どものためのリハビリテーション等の、おとなが主導する活動が課されることにより、第三一条の権利が制限されていることが指摘された。そのうえで、おとなに統制されない、あるいは、何もしないでいい時間を有することができる子どもの権利を保障することにより、子ども自身が直接的に関わることができる活動への参加を促進し、子どもの創造性を刺激することが求められた。

　さらに、(2) 9) の「子どものための文化的および芸術的な機会に関する投資の欠如」においては、子どもが文化的・芸術的活動にアクセスするためには、親の支援、費用の負担および交通機関の利用等が必要であることから、子どもを中心としたアプローチに基づき、必要な投資を伴ったうえで、子ども時代をとおしてこれらの活動への子どもの参加を促進するように勧告された。

　そして、(2) 6) の「教育的な到達への圧力」に関しては、(3) 学術的な成功を重視する結果として第三一条が否定される具体的な例として以下の項目が挙げられ、教育と同様に子どもに不可欠なものとして遊びを確保すると共に、教育においても遊びの機会を確保する必要性が示唆された。

1) アカデミックな目標および公的な学習に関する焦点が強化された早期教育
2) 子どもの時間を邪魔するカリキュラム外の授業および宿題
3) 遊びの必要性の認識を欠いたカリキュラムおよび日常の生活
4) 形式的で教訓的な教育方法の利用
5) 教育の場での自然に触れる機会の減少
6) 学校における文化芸術活動の学術科目への差し替え
7) 教育の場での子どもの創造性、探究および発達に関わる遊びの制限

4. 子どもの権利として遊びを確保するための締約国の義務

　最後に、意見一七号では、第三一条に関して、締約国に「尊重」、「保護」

および「実施」の三項目の義務を課すことが勧告され、三項目の義務において確保すべき条件が挙げられた。

第一に、第三一条の「尊重」では、「ケア提供者のための支援」および「認識の向上」についての実施が求められた。

まず、「ケア提供者のための支援」においては、条約の第一八条（親の第一次的養育責任と国の援助）二項にてらして、「遊びながら子どもの話を聴く方法」、ならびに、「子どもの遊びを促進し自由に遊ぶことを認め子どもと一緒に遊ぶ環境の創造」といった実践的なものを含めて、親や他のケア提供者に対して、第三一条の権利を支援し促進するガイダンスを提供することが締約国に求められた。

次に、「認識の向上」では、第三一条の価値を低くみる文化的な態度に対応するには投資が必要であることが指摘され、締約国には、権利および遊びの重要性に関する公的な認識の向上、ならびに、第三一条の権利の行使の機会を減じる否定的な態度に挑むための措置を講じる必要性が提示された。

第二に、第三一条の「保護」をめぐっては、「差別されないこと」、「国以外のアクターの規制」、「有害なものからの子どもの保護」、「オンラインの安全性」、「紛争後の安全」、「市場とメディア」および「不服申し立て」の項目に関して義務の履行が勧告された（para.57）。

これらの項目のうち、「差別されないこと」では、法的措置を基に、障がいのある子どもや病気の子どもを含めて、あらゆる子どもに遊びにアクセスできる環境を保障することが求められた。

次に、「国以外のアクターの規制」に関しては、市民社会のあらゆる構成員が第三一条の規定に応じるべく、立法、規則およびガイドライン、ならびに、監視や強制のための効果的な機序の導入の必要性が指摘された。この条件の適用される例には、安全性およびアクセスのしやすさの基準の制定、第三一条の実現のための規定や機会を組み入れる義務および子どもの well-being を損なうものからの保護が挙げられた。

続いて、「有害なものからの子どもの保護」においては、遊びに関して子どもと活動するあらゆる専門職に対して、子どもを保護する政策、手続き、

ならびに、専門職の倫理および規則や基準を導入し強化することが求められた。

　そして、第三に、第三一条の「実施」では、「立法および計画」、「データの収集と研究」、「国と地方との共同」、「予算の確保」、「ユニバーサル・デザイン」、「地方自治体の計画」、ならびに、「学校」をめぐる要件が提示された（para.58）。

　まず、「立法および計画」においては、あらゆる子どもに第三一条を確保するための立法を導入することを考慮するよう強く勧告された。また、立法には、あらゆる子どもに第三一条を行使するための十分な時間や場所が提供される等の、第三一条の原理を十分に含むことが求められた。さらに、子ども自身の活動のための時間や場所をつくり出すために、第三一条に関わる計画、政策および枠組みを発展させるための検討を実施するよう勧告された。

　次に、「データの収集と研究」では、子どもに第三一条の義務の実施に関して説明責任を果たすことを確保する観点から、監視や実施の評価のための機序と同様に、遵守のための指標を発展させることが必要であることが指摘された。そのうえで、子どもが遊びにつながる必要性に関して理解を得られるために、在宅医療を受ける等の子どもの特性を反映したデータを収集することが求められた。また、第三一条の行使の障壁となる、子どもやケア提供者の日常生活、ならびに、家庭生活の影響や近隣の条件に関して、子どもの参加を確保したうえで、調査を実施する必要性についても示された。

　続いて、「国と地方との共同」について、遊びに関する計画は、国と地方自治体との密接な共同を含めて、広範囲にわたる総合的なアプローチを必要とし、相互に説明責任を果たす必要のあるものであることに言及された。そのうえで、第三一条の権利を実現するための環境に重要な影響を与えるあらゆる事項に関して、国と地方自治体との共同を促進するよう求められた。

　また、「予算の確保」では、子どもの遊びに関する配分を確保するべく予算を再検討するように勧告され、障がいのある子ども等の周縁化されがちな子どもに等しく遊びへのアクセスを確保するための予算的措置を講じる必要のあることが特記された。

さらに、「ユニバーサル・デザイン」に関して、障がいのある子どもが包摂され差別から保護される義務を果たすうえで、遊びに関わる設備、建築、備品およびサービスにおいて、ユニバーサル・デザインに関する投資が必要であることが指摘された。そのうえで、締約国に対して、あらゆる物質や価値の計画および生産にユニバーサル・デザインが適用されることを確保するために、国以外のアクターとつながるよう勧告された。

　そして、「地方自治体の計画」では、障がいがあるなど、あらゆる集団の子どもの遊びへのアクセスの質を保障するために、子どもの参加を確保したうえで、遊びの提供についての評価を実施することが求められた。さらに、子どもにやさしい環境を実現するために、優先的に、第三一条の義務を伴った一貫した公的な計画を策定する必要があることが指摘され、こうした計画において、特に、(4) 以下の項目を実施することが求められた。

1) 利用のし易さ
2) 子どもが自由に遊べる安全な生活環境
3) 遊び場所を保護する公的な安全措置
4) 緑化された場所へのアクセスの提供
5) スピード制限等の規制を含む、道路に関する措置
6) あらゆる年齢の子どもを対象としたクラブ等の地域での活動の場所の提供
7) コミュニティの子どものための文化的活動の提供
8) 子どものアクセスを確保するための文化政策の検討

5. 在宅医療を受ける子どもに子どもの権利として遊びを確保するための条件

　子どもの権利条約第三一条および意見一七号を基に、在宅医療を受ける子どもに遊びを子どもの権利として確保するためには、以下の条件を満たす必要がある。

　第一の条件は、在宅医療を受ける子どもに他の子どもと同様に等しく遊びへのアクセスを確保することである。

在宅医療を受ける子どもをめぐっては、治療およびリハビリテーション、ならびに、自立に直接的に関わる教育等の活動が重視される一方、健康や発達にも影響を与える遊びの重要性はそれ程認識されておらず、遊びを確保する環境が十分に整備されていないばかりか、多くの時間を自宅内で過ごしていることもあり、こうした実態が社会的に共有されにくい。在宅医療を受ける子どもにおいては、遊びの確保をより重視し、一層の制度面の発展および支援の充実を実現することが求められる。その実現にあたっては、在宅医療を受ける子どもに、遊びに関して、乳幼児期から子どもによる遊びに関するアクセス、選択および参加が尊重され、遊びを十分に楽しむことができる子ども時代が護られることにより、豊かな生活を送ることができるように支援されることが求められる。この条件は、生活の自立のためにおとなが主導する活動を強いられがちな在宅医療を受ける子どもにとって、自身の内発的な動機に基づいた自律的な活動が確保される点で極めて重要なものである。さらに、在宅医療を受ける子どもにおいては、発達に加えて、治療や生活の過程で損なわれた自信や力の回復を支援する観点から、遊びに関して、子どもの状態に応じて子どもが挑戦できる課題を含むことにより、子どものエンパワメントを促進することが望まれる。

　第二の条件は、在宅医療を受ける子どもの社会的包摂を確保することである。

　在宅医療を受ける子どもには、大半の生活を自宅で送る子どもが含まれており、特に、こうした子どもにおいては、関わり合う人や経験の機会が限られ、社会的に孤立するおそれもある。そのため、在宅医療を受ける子どもには、遊びへのアクセスをとおして、子どもを含めた様々な背景の多様な年齢の人々と出会い、こうした人々と相互に共同して活動する経験を積み重ねる機会を確保することが求められる。また、こうした活動を子どもに身近な地域の活動プログラムで実現することにより、子どもを社会の一員として包摂することにも期待される。さらに、在宅医療を受ける子どもにおいても、子どもの成長発達に伴って、同世代の仲間同士でのつながりが形成されるような遊びへのアクセスを実現することが必要になる。

そして、第三の条件は、在宅医療を受ける子どもの遊びに関わる決定に関して、在宅医療を受ける子ども自身の参加を確保することである。

子どもに影響を与える事項の決定過程への子どもの参加の権利の確保は、子どもの権利条約の一般原則である第一二条で確保された基本的な権利であり、この権利は、在宅医療を受ける子どもを含めたあらゆる子どもに適用される。さらに、在宅医療を受ける子どもの遊びへのアクセスの確保に関しては、実態に対応した課題の解決を図るうえでも、在宅医療を受ける子どもの意見や経験の表明を支援し、子どもと共同してこれを実現することが求められる。

これらの条件に応えるうえで、法的義務を果たすよう勧告されているのが国である。

国においては、第三一条を尊重するために、ケア提供者に対して第三一条の権利を促進するガイダンスを提供すること、ならびに、必要な投資を伴って第三一条の権利に関する認識を向上する措置を講じることが必要である。また、国には、第三一条を保護する観点から、法的措置に基づいて在宅医療を受ける子どもに遊びにアクセスできる環境を保障すること、ならびに、遊びに関わるアクターに適用される監視や強制のための機序を含めた立法の制定等の制度面を整備することが求められる。さらに、国をめぐっては、第三一条を尊重すべく、立法や計画に第三一条の原理を反映すること、データを収集すると共に子どもの参加を確保したうえで障壁に関して調査すること、地方自治体と共同して総合的に実施するために支援すること、ユニバーサル・デザインを実現するために投資し関係するアクターと連携すること、ならびに、必要な予算を確保することに関して対応することを要する。

第4節　結　論

本稿では、子どもの権利条約第三一条および意見一七号との関係を基に、在宅医療を受ける子どもに子どもの権利として遊びを確保するうえでの条件について検討した。

第三一条および意見一七号に基づいた子どもの権利としての遊びは、内発的な動機から子どもが自身の関心に基づいてアクセスし選択し参加する活動であり、その実現のためには適切な場所や時間の設定を含めた環境の創造が求められる。

　このような遊びは、子どもにとって、子どもの生活を豊かにし、健康、well-being および発達の促進に不可欠であり、子どもについての理解や子どもとのコミュニケーションを発展させるうえで重要なものである。

　こうした遊びへの権利を実施するために、在宅医療を受ける子どもにおいては、平等性の確保、社会的な包摂および子どもの決定過程への参加の確保という三つの条件を満たす必要がある。

　その実現のために、国には、ケア提供者の支援、認識の向上、環境の保障、アクターに適用される制度の導入、立法や計画の制定、データの収集や調査、地方自治体との共同、ユニバーサル・デザインの実現、ならびに、予算の確保に関わる措置を実施することにより、第三一条の尊重、保護および実施に関して義務を果たすことが求められる。

謝　辞

　本稿の執筆にあたっては、社会福祉法人愛徳福祉会大阪発達総合療育センター・南大阪小児リハビリテーション病院院長の船戸正久先生、ならびに、社会福祉法人愛徳福祉会大阪発達総合療育センター、ホスピタル・プレイ・スペシャリストの稲岡いずみ先生、西尾恵美先生、保育士の下農千春先生他、職員のみなさまに貴重なご教示を頂いた。この場をお借りして、みなさまに心よりお礼を申し上げる。

注

1) ヨーロッパ　病院のこども憲章（EACH CHARTER）（野村みどり訳）　URL: http://www.nphc.jp/charter.htm (accessed 13 September 2016).
　　The EACH Charter and the UN Convention on the Rights of the Child.　URL: http://www.each-for-sick-children.org/each-charter/charter-and-un-convention.

html (accessed 13 September 2016).

「ヨーロッパ　病院のこども憲章」に関しては、子どもの権利条約第三一条の他に、第三条（子どもの最善の利益）、第五条（親の指導の尊重）、第八条（アイデンティティの保全）、第九条（親からの分離禁止と分離のための手続）、第一二条、第一六条（プライバシー・通信・名誉の保護）、第一七条（適切な情報へのアクセス）、第一八条、第一九条（親による虐待・放任・搾取からの保護）、第二三条三項および四項、第二四条、第二五条（施設等に措置された子どもの定期的審査）、第二八条（教育への権利）、第二九条一項 (a) および (c)（教育の目的）、ならびに、第三〇条（少数者・先住民の子どもの権利）を実施することを意味するものであることが規定されている。

2) 子ども療養支援協会　URL: http://kodryoyo.umin.jp/ (accessed 13 September 2016).

3) UN Convention on the Rights of the Child Committee on the Rights of the Child. General Comment No.17 "The right of the child to rest, leisure, play, recreational activities, cultural life and the arts (Article 31)," 18 March 2013.

4) UN Economic and Social Council. E/CN.4/1349.

5) UN Economic and Social Council. E/CN.4/1983/62, Annex Ⅱ (E/CN.4/1983/WG.1/WP.26).

6) UN Economic and Social Council. E/CN.4/1988/WG.1/Rev.2.

7) UN Economic and Social Council. E/CN.4/1989/48.

8) UN Economic and Social Council. E/CN.4/1989/29/Rev.1.

9) IPA 日本支部事務局　URL: http://www.ipa-japan.org/whatsipa.html (accessed 13 September 2016).

　　IPA は、UNESCO、ECOSOC（国連経済社会理事会）および UNICEF の諮問組織として認定されている。

10) 一九五九年に国連により採択された子どもの権利宣言では、原則七において、「子どもは、遊びおよびレクリエーションのための十分な機会を有するものとする。遊びおよびレクリエーションは、教育と同じ目的に向けられなければならない。社会および公の機関は、この権利の享受を促進するよう努力しなければならない。」と規定された。

参考文献

安部芳絵（2007）「子どもの権利条約第 31 条遊びの権利規定の制定過程とその意

義」『子どもの権利研究』10，日本評論社，20-21．
藤井あけみ（2000）『チャイルド・ライフの世界』新教出版社．
船戸正久，高田哲編著（2010）『医療従事者と家族のための小児在宅医療支援マニュアル　第2版』メディカ出版．
平田美佳（2006）「"遊び"が子どもたちに与えるもの：英国の小児病院の窓から」『小児看護』29（6），へるす出版，784-791．
帆足英一（2009）「医療保育士養成の現状」『小児看護』32（8），へるす出版，1031-1035．
猪狩恵美子（2012）「重症児や病気の子どもと訪問教育」『障害者問題研究』40（2），全国障害者問題研究会，102-104．
入江慶太（2011）「医療保育と保育所保育の比較検討」『季刊保育問題研究』250，全国保育問題協議会，9．
神田美子（2006）「出会いのための『場』と『時間』」『発達』27（105），ミネルヴァ書房，71-75．
前田浩利（2012）「在宅医療システムと病弱児・重症児教育」『障害者問題研究』40（2），全国障害者問題研究会，85．
前田浩利編（2013）『地域で支える　みんなで支える　実践！！小児在宅医療ナビ』南山堂．
松平千佳編著，ノーマン／ジュン・タイ，藤中隆久，ブロンディ・クーロウ共著（2010）『ホスピタルプレイ入門』松平千佳／中村仁美訳，建帛社．
中澤里江，中川尚子，稲葉亜希子（2010）「訪問看護ステーションにおける小児在宅医療と看護ケア」『小児看護』33（2），へるす出版，203-209．
夏路瑞穂（2006）「子どもと家族のための新しい小児医療に向けて；チャイルドライフスペシャリストの仕事」『子どもの心とからだ』11（1），日本小児心身医学会，33-34．
大平滋（2009）「第31条」喜多明人，森田明美，広沢明，荒牧重人編『逐条解説子どもの権利条約』日本評論社，188-189．
太田秀樹（2012）「地域医療における在宅医療の役割」高橋紘士編『地域包括ケアシステム』オーム社，93-94．
阪井裕一（1996）「情報通信技術による在宅医療支援」『からだの科学』191，日本評論社，33-36．
澤田和美（2004）「在宅療養への移行で子どものQOL向上を」『Home Care MEDICINE』，メディカル・トリビューン，15-17．

杉本健郎（2012）「『社会保障・税一体改革』に翻弄されない：障害児をとりまく医療・福祉支援の現状と課題」『障害者問題研究』40（2），全国障害者問題研究会，92-94.

高橋昭彦（2010）「子どもと家族のための小児在宅ケア：ネットワーク型の在宅医療とレスパイトケア施設うりずんの実践」『訪問看護と介護』15（8），医学書院，602-605.

高橋紘士編（2012）『地域包括ケアシステム』オーム社．

田中恭子（2005）「子どもの療養環境：英国におけるホスピタルプレイスペシャリスト」『小児科』46（11），金原出版，1911-1916.

UN Convention on the Rights of the Child Committee on the Rights of the Child. General Comment No.17 "The right of the child to rest, leisure, play, recreational activities, cultural life and the arts (Article 31)," 18 March 2013.

UN Economic and Social Council. E/CN.4/1349.

UN Economic and Social Council. E/CN.4/1983/62, Annex Ⅱ（E/CN.4/1983/WG.1/WP.26).

UN Economic and Social Council. E/CN.4/1988/WG.1/Rev.2.

UN Economic and Social Council. E/CN.4/1989/29/Rev.1.

UN Economic and Social Council. E/CN.4/1989/48.

山本智子（2016）「保育の方法」佐藤康富編著『新しい保育原理』大学図書出版，88-97.

山本智子（2016）『子どもが医療に参加する権利』講談社．

参考 Web Page

IPA 日本支部事務局　URL: http://www.ipa-japan.org/whatsipa.html

子ども療養支援協会　URL: http://kodryoyo.umin.jp/

ヨーロッパ 病院のこども憲章（EACH CHARTER）（野村みどり訳）　URL: http://www.nphc.jp/charter.htm

第7章 校庭の巨樹を用いた環境教育が児童・卒業生・教員の意識に及ぼす影響

長友大幸

第1節 巨樹と人間との係わりの歴史

　環境省の定義によれば、巨樹とは「地上約130cmの高さでの幹周が300cm以上の樹木であり、地上から130cmの位置において幹が複数に分かれている樹木の場合は、個々の幹の幹周の合計が300cm以上であり、そのうちの主幹の幹周が200cm以上のもの」を満たす樹木を指している。地域で長い年月を生き抜いてきた巨樹には、その生命力の他にも、人々の生活との触れあいの中で、文化財、信仰の対象などに位置づけられており、より大きな価値が見いだせる。そうした巨樹に対し人々は古くから関心をもち、江戸時代の絵図に巨樹が描かれたり、各地で調査等（東京市，1934、池田，1939）が行われたりしている。例えば、歌川広重の「木曾街道六拾九次・伏

図1.1　「木曾街道六拾九次・伏見」

図1.2　「富嶽百景・甲州三嶌越」

第Ⅱ部　制度・実践・設計に関わる理論

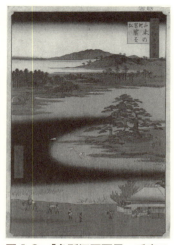

図 1.3　「名所江戸百景・千束の池袈裟懸松」

図 1.4　「名所江戸百景・八景坂鎧掛松」

見」（図 1.1）では、巨樹の下で休む旅人が描かれており、巨樹のもつ緑陰効果は昔も今と同様、安らぎをあたえる意義あるものであったことがわかる。また、葛飾北斎の「富嶽百景・甲州三嶌越」（図 1.2）では、境界木である巨樹の大きさに心ひかれた旅人が、手を広げて幹周をはかっている姿を描いている。このように、人々と接し、長く歴史を刻みながら生き続けてきた巨樹のもつ神秘的な魅力は、故事伝承等として引き継がれていることが多い。そうした故事伝承をもつ巨樹は絵図の中にもみられ、歌川広重の「名所江戸百景・千束の池袈裟懸松」（図 1.3）では、日蓮上人が池の水で足を洗うときに袈裟を脱いで掛けたとされる松が中央に描かれており、その周囲には当時から柵が施され、保護されていたことがわかる。また、「名所江戸百景・八景坂鎧掛松」（図 1.4）や「江戸名所図会」（図 1.5）には、八幡太郎義家が、安倍一族を討ちに奥州へ向かうため通った際、鎧を掛けたとされる松が描かれている。特に、「江戸名所図会」には、樹高や太さ等の巨樹のようすや、所在地のようすがくわしく書き記されている。

図1.5　「江戸名所図会・八景坂鎧掛松」

第2節　巨樹を用いた環境教育の必要性

　小学生の自然に対するイメージは各学年ともに木・山・草・花といった緑に関した要素が上位を占め、特に木（樹木）が自然のイメージとする割合が大きいことを明らかにした報告（楠田・鈴木，1993）があり、都市の緑の中でも樹木の存在の重要性を示唆している。また、木下・中村（1993）は大木、老木に児童は強い印象を受け、特に古いものへの尊重、畏敬の念をいだくとしており、牧野（1989, 196-214頁、2000, 23-49頁）や吉田ら（1988）も老木・巨樹において同様の結果を指摘している。したがって、緑少ない都市に残された巨樹は、自然の要素としての役割のみならず、文化財・信仰の対象（牧野，1989, 196-214頁、2000, 23-49頁）、生命の尊厳や大切さを教育する上での教材（唐沢，2000, 195-197頁）としても重要であり、小学校における環境教育に巨樹を利活用することの有効性が推察される。現在でも、教育の現場である学校の校庭に巨樹が残されている事例（岩手県二戸市，2001、全国巨樹巨木林の会，2003）は少なくなく、それらの巨樹には、今後の学校教育で重要性の高まる環境教育を進める上で、教材としての有効性が期待される。

したがって、その保護と利活用を図ることは意義あるものと考えられる。

　巨樹を含めた樹木天然記念物の保護について、安盛（1990）は地域住民のみならず、一般の人々の関心を高める活動が必要であり、特に子供のうちからその重要性を認識させる環境教育が必要であると述べている。教育の現場である学校の校庭に巨樹が保護され、教育に用いられている事例として平成13年に岩手県二戸市で開催された「全国こども巨木サミット2001」では、全国から集まった小中学校10校が、自校の巨樹を用いた学習の実践を発表した（岩手県二戸市, 2001、全国巨樹・巨木林の会, 2003）。その報告書には各校の教師および児童・生徒の感想が掲載され、それぞれの巨樹に対する保護意識の高まりを見出すことができた。

　唐沢（2000, 41-46頁）は巨樹に係わる教育の実践例として、都内小学校の校庭中央に残存する戦災で被災したクスノキの巨樹に対する卒業生や旧職員の思いを綴った70周年記念誌を紹介している。そこには、入学や卒業の記念にクスノキをバックに写真撮影を行い、運動会では巨樹の周囲を走り、夏は木陰で休み、写生会ではその対象とする等の事例が紹介されている。このことは、クスノキが学校のシンボル的存在として在校生のみならず、70年前の教員や卒業生にも思い出の樹木となっていることを示していると言える。このように登下校や学校行事で日々眺め、接してきた学校のシンボルはいつまでも児童や教員の心に残ることが明らかにされており、学校における巨樹を用いた教育は、その後の巨樹を含めた樹木への保護意識向上に大きな効果をもつものと考えられる。

　以上のようなことから、巨樹を用いた環境教育がもたらす影響について、児童を対象としたもの、卒業生を対象としたもの、教員を対象としたものの順で、具体的になされた研究事例を以下に見ていく。

第3節　小学校校庭の巨樹を用いた環境教育

　校庭に巨樹が存在し、他に同様の大きな木が見られず、クスノキの巨樹

が校庭中央に独立残存木として存在するK小学校（京都市）、S小学校（東京都）、H小学校（兵庫県）の3校（図3.1～3.3）において、学校長、教頭からヒアリングを行うとともに、児童の巨樹を用いた環境教育の受講経験、児童の巨樹に対する意識および日常生活における樹木への自然接触行動を調査した（長友・下村，2006）。以下にその結果を示す。

1．各校の概要

(1) K小学校

　京都市学校名木百選に指定されている。幹の周囲に柵は施されておらず、児童が自由に根元まで行くことができる。以前は幹を取り囲むようにベンチが置かれ、児童が集まり木陰で話をする等、憩いの場となっていたが、巨樹保護という観点から、根への踏圧を防ぐため、現在、ベンチは撤去されている。

図3.1　K小学校の巨樹

　学校のシンボルとなっており、総合的な学習の時間を「くすのき学習」と呼び、児童会の夏休みキャンプも「くすのきキャンプ」と名づけている。また、PTA、児童会が行う祭りは「くすのき祭」であり、「くすのき」の名が多くの学校行事と関連づけられている。また、他に学校行事等で集まりがある時は、クスノキのまわりを集合場所とし、行事の説明などを行っており、ランドマークとしての位置づけもなされている。しかし、学校としてクスノキを教材とした特別な学習は行っておらず、各学級担任の裁量に任されている。卒業生が、同窓会などの機会に小学校に来て、クスノキの前で記念写真を撮るなど、卒業生の心の奥に残る樹木となっている。

(2) S小学校

　校庭全面に全天候型の舗装がなされており、大きな工事が行われたことが

うかがえるが、クスノキを保護することを前提として工事が進められた。その背景には、地域の人々の保全への強い要望があった。学校としてクスノキの巨樹を教材に用いることはなく、担任教師の裁量に任されているが、学校長が朝礼などの集会でクスノキを取り上げて話をしたり、総合的な学習の時

図3.2　S小学校の巨樹

間が「くすのきタイム」と名づけられたりしており、学校のシンボルとして児童にはとらえられている。

(3) H小学校

管理は業者が行うようになり、周囲に柵が施された。以前は根元に近づき、木に登ることも可能であったが、現在は中に入ることはできない。なお、柵中には給水施設が整備され、常に水を供給できる。また、全面にウッドチップが敷かれ、土が盛られており、根に対する踏圧を防いでいる。

図3.3　H小学校の巨樹

調査木は、学校のシンボルであり、学校長はこの木を例にして、朝礼等で頻繁に児童に話をしている。しかし、「クスノキ」を冠する行事は特にない。また、学校として総合的な学習の時間等でも、クスノキを取り上げて何かを行っているということはなく、担任教師の裁量に任されている。

2. 巨樹を用いた環境教育受講経験

授業で巨樹を用いた環境教育を受講した経験の多少感と内容をたずねるため、「学校の授業の中で、巨樹の話を聞いたり、巨樹を調べたり、巨樹のまわりで授業を受けたりしたことはありますか」（表3.1）、「それは具体的にど

第7章 校庭の巨樹を用いた環境教育が児童・卒業生・教員の意識に及ぼす影響

表3.1 各校における巨樹を用いた環境教育の経験

受講経験	回答数(%)			
	K(n=159)	S(n=196)	H(n=202)	計(n=557)
よくある	31(19.5)	24(12.2)	17(8.4)	72(12.9)
少しある	66(41.5)	71(36.2)	74(36.6)	211(37.9)
どちらともいえない	19(11.9)	39(19.9)	50(24.8)	108(19.4)
あまりない	20(12.6)	29(14.8)	24(11.9)	73(13.1)
ない	23(14.5)	33(16.8)	37(18.3)	93(16.7)

表3.2 巨樹を用いた環境教育の内容

内容		複数回答による回答数X(%)		
		K(n=97)	S(n=96)	H(n=91)
体験的な学習	巨樹の絵を描いた	28(28.9)	16(16.7)	4(4.4)
	体育の時，巨樹の木陰で活動した	24(24.7)	5(5.2)	3(3.3)
	大きさ（高さ，太さ）調べ	6(6.2)	8(8.3)	3(3.3)
	巨樹の葉や周囲の観察	2(2.1)	22(22.9)	10(11.0)
	学級の時間に遊びに使った	2(2.1)	3(3.1)	2(2.2)
	合　計	62(63.9)	54(56.3)	22(23.1)
概念的な学習	巨樹の自然環境における役割調べ	22(22.7)	3(3.1)	1(1.1)
	学校とともに生きてきた歴史，樹齢の話	32(33.0)	40(41.7)	62(68.1)
	巨樹にまつわる伝説の話	0(0.0)	12(12.5)	0(0.0)
	巨樹の大切さの話	9(9.3)	12(12.5)	9(9.9)
	巨樹の成長や様子，病気の話	7(7.2)	8(8.3)	12(13.2)
	合　計	70(72.2)	75(78.1)	84(92.3)
無回答		19(19.6)	28(29.2)	35(38.5)

X：巨樹を用いた学習の経験が「よくある」「少しある」の回答者による回答数

のような内容ですか（複数回答可）」（表3.2）との質問を4年生以上の児童に行った。環境教育の受講経験がある児童は、K小学校では61％と高く、次いでS小学校48.4％、H小学校45％となっていた。K小学校では多くの学校行事の名称に「くすのき」を冠し、集合場所になる等の日常的な係わりが強いこと、柵などの囲いが無いため近づきやすいこと、京都市の学校名木百選に選ばれており、教員が教材として取り上げやすかったこと等に基因していると考えられる。一方、S小学校も囲いが無く、近づくことが容易ではあ

るが、学校としての取り組みは、総合的な学習の時間を「くすのきタイム」としている程度である。また、H小学校は周囲に柵が施され、根元に近づけず、教材として取り上げにくいことに加え、朝礼でクスノキの話がされることはあるものの、学校として「くすのき」の名を大きく取り上げることはなく、こうした学校としての取り組みの差が、児童の環境教育受講経験の多少感に現れている。

　次に、各校の巨樹を用いた環境教育の内容を見ると、巨樹を用いた学習の経験がある児童のうち、K小学校で63.9％、S小学校で56.3％と「体験的な学習」をあげる児童が比較的多いものの、「概念的な学習」はK小学校72.2％、S小学校78.1％と、「体験的な学習」を上回っていた。そして、H小学校では「概念的な学習」をあげる児童が92.3％と特に高い割合を示した（表3.2）。布谷（1998）は、里山等の緑で実体験をともなった教育をすることは環境教育にとって有効であることを指摘している。また、田中（1993）は小学校低学年において、自然とのふれあいに重点を置いた環境教育を行うことの重要性を指摘している。こうしたことから考えると、巨樹を有しながらも、十分に巨樹を活用した学習が行われていない現状がうかがえる。概念的な学習に加え、実体験をともなった学習を学校全体の取り組みとして推進していく必要があると考えられる。

3. 巨樹を用いた環境教育受講経験と巨樹への評価

　巨樹を用いた環境教育の受講経験の多少感と児童の巨樹への評価の係わりを見た。その結果、12項目中、K小学校7項目、S小学校12項目、H小学校5項目で、巨樹を用いた学習経験がある児童ほど、ない児童に比べ、巨樹を評価する割合が有意に大きくなることがわかった（表3.3）。そのうち、「落葉が季節を感じさせてくれる」「いつも見守ってくれる守り神のようなもの」「木の力強さを感じさせてくれる」「神が宿るような神秘的な感じがするもの」の4項目は各校に共通していた。したがって、これら4項目の評価には、四季を通じて巨樹と接し、教師から様々な話を聞いたり、巨樹の葉や実を用いた学習を行ったり等の環境教育受講経験の効果が現れやすいと考えられ、そ

の方法次第で大きな学習効果が期待できるものと思われる。なお、その他の関連性が認められた項目は、学校間に多少の違いが見られた。しかし、全体的に見て、巨樹を用いた環境教育の受講経験が豊富な児童ほど、巨樹をプラスに評価する傾向があり、多くの学習の機会を児童に与えることが重要であると考えられる。その際には、教師側が豊富な知識を持った上で、多種多様な学習を行うことにより、児童が巨樹に対して多様な視点から評価することが可能になると考えられる。したがって、学習機会を与える教師の役割は大きく、今後、巨樹を用いた環境教育を積極的に行っていくことが可能になるよう、教師の意識および知識の向上を推進していくことが重要である。

4. 巨樹を用いた環境教育受講経験と巨樹への自然接触行動

　巨樹を用いた環境教育の受講経験の多少感と学校を離れた日常生活の中での樹木に対する自然接触行動の係わりを探った。その結果、12項目中、K小学校2項目、S小学校7項目、H小学校5項目で、巨樹を用いた学習経験がある児童ほど、自然接触行動を取る割合が有意に大きくなった（表3.4）。表3.2に示すように、K小学校では、巨樹を用いた環境教育を経験した内容として、「巨樹の絵を描いた」「体育の時、巨樹の木陰で活動した」等の巨樹の周辺で行われる体験的な学習がそれぞれ20％以上と比較的多くの児童からあげられていた。したがって、こうした学習の経験が、学校外においても樹木への関心となり、樹木に集まる昆虫や野鳥のようすを見たり調べたりするという行動につながったものと推察された。また、S小学校では、「巨樹の葉や周囲の観察」等の、巨樹そのものを利用した体験的な学習が22.9％と多くの児童からあげられていた。このことが、樹木の葉や実に対する接触行動を高めることに係わっているものと推察された。そして、観察したり、木の実を集めたり、実を食べたりする上で図鑑や資料集などを用いて樹種を調べることにつながったものと考えられる。巨樹の周辺で学習するにとどまらず、巨樹そのものの葉や実、幹などを利用する学習を推進することは自然接触行動の誘発により効果があると考えられる。一方、H小学校では、2校に比べて体験的な学習をあげた児童は少ない。しかし、歴史や

表 3.3 各校における巨樹への評価および環境教育受講経験との関連性

巨樹への評価	受講経験[a]	K 回答数（％） 思う	少し思う	その他[b]	有意差検定[c]
景色をよくしてくれる	有	52(53.6)	36(37.1)	9(9.3)	-
	無	30(48.4)	21(33.9)	11(17.7)	
	計	82(51.6)	57(35.8)	20(12.6)	
歴史を感じさせてくれる	有	51(52.6)	25(25.8)	21(21.6)	*
	無	16(25.8)	28(45.2)	18(29.0)	
	計	67(42.1)	53(33.3)	39(24.5)	
木陰が安らぎを感じさせてくれる	有	64(66.0)	19(19.6)	14(14.4)	-
	無	30(48.4)	15(24.2)	17(27.4)	
	計	94(59.1)	34(21.4)	31(19.5)	
鳥などが集まり，自然を感じさせてくれる	有	21(21.6)	30(30.9)	46(47.4)	-
	無	13(21.0)	12(19.4)	37(59.7)	
	計	34(21.4)	42(26.4)	83(52.2)	
落葉が季節を感じさせてくれる	有	46(47.4)	35(36.1)	16(16.5)	*
	無	24(38.7)	21(33.9)	17(27.4)	
	計	70(44.0)	56(35.2)	33(20.8)	
地域の宝であり，誇るべきもの	有	28(28.9)	27(27.8)	42(43.3)	-
	無	10(16.1)	21(33.9)	31(50.0)	
	計	38(23.9)	48(30.2)	73(45.9)	
学校の宝であり，誇るべきもの	有	72(74.2)	14(14.4)	11(11.3)	*
	無	34(54.8)	17(27.4)	11(17.7)	
	計	106(66.7)	31(19.5)	22(13.8)	
生命の大切さを感じさせてくれる	有	42(43.3)	28(28.9)	27(27.8)	*
	無	16(25.8)	20(32.3)	26(41.9)	
	計	58(36.5)	48(30.2)	53(33.3)	
自然の大切さや不思議さを感じさせてくれる	有	28(28.9)	35(36.1)	34(35.1)	-
	無	17(27.4)	17(27.4)	28(45.2)	
	計	45(28.3)	52(32.7)	62(39.0)	
いつも見守ってくれる守り神のようなもの	有	38(39.2)	25(25.8)	34(35.1)	*
	無	19(30.6)	13(21.0)	30(48.4)	
	計	57(35.8)	38(23.9)	64(40.3)	
木の力強さを感じさせてくれる	有	49(50.5)	20(20.6)	28(28.9)	**
	無	17(27.4)	20(32.3)	25(40.3)	
	計	66(41.5)	40(25.2)	53(33.3)	
神が宿るような神秘的な感じがするもの	有	19(19.6)	32(33.0)	46(47.4)	*
	無	11(17.7)	10(16.1)	41(66.1)	
	計	30(18.9)	42(26.4)	87(54.7)	

a：「有」，「よくある」「少しある」の計；「無」，「どちらともいえない」「あまりない」「ない」の計
b：「どちらともいえない」「あまり思わない」「思わない」の計
c：学習受講経験の有無による「思う」「少し思う」との回答におけるχ^2検定による結果　**：p＜.01　*：p＜.05
ns：有意差なし

樹齢の話など概念的な学習をあげる児童は他の2校よりも多くなっていた。したがって、H小学校では、特に概念的な学習が児童に印象に残っているも

第7章　校庭の巨樹を用いた環境教育が児童・卒業生・教員の意識に及ぼす影響

S			有意差検定[c]	H			有意差検定[c]
回答数（％）				回答数（％）			
思う	少し思う	その他[b]		思う	少し思う	その他[b]	
66(69.5)	21(22.1)	8(8.4)		60(65.9)	21(23.1)	10(11.0)	
39(38.6)	23(22.8)	39(38.6)	**	57(51.4)	32(28.8)	22(19.8)	-
105(53.6)	44(22.4)	47(24.0)		117(57.9)	53(26.2)	32(15.8)	
55(57.9)	24(25.3)	16(16.8)		37(40.7)	31(34.1)	23(25.3)	
26(25.7)	26(25.7)	49(48.5)	**	44(39.6)	34(30.6)	33(29.7)	-
81(41.3)	50(25.5)	65(33.2)		81(40.1)	65(32.2)	56(27.7)	
59(62.1)	25(26.3)	11(11.6)		53(58.2)	24(26.4)	14(15.4)	
28(27.7)	24(23.8)	49(48.5)	**	40(36.0)	36(32.4)	35(31.5)	-
87(44.4)	49(25.0)	60(30.6)		93(46.0)	60(29.7)	49(24.3)	
44(46.3)	25(26.3)	26(27.4)		44(48.4)	27(29.7)	20(22.0)	
21(20.8)	19(18.8)	61(60.4)	**	37(33.3)	38(34.2)	36(32.4)	-
65(33.2)	44(22.4)	87(44.4)		81(40.1)	65(32.2)	56(27.7)	
61(64.2)	21(22.1)	13(13.7)		47(51.6)	27(29.7)	17(18.7)	
30(29.7)	25(24.8)	46(45.5)	**	34(30.6)	42(37.8)	35(31.5)	*
91(46.4)	46(23.5)	59(30.1)		81(40.1)	69(34.2)	52(25.7)	
47(49.5)	25(26.3)	23(24.2)		29(31.9)	38(41.8)	24(26.4)	
23(22.8)	24(23.8)	54(53.5)	**	25(22.5)	30(27.0)	56(50.5)	**
70(35.7)	49(25.0)	77(39.3)		54(26.7)	68(33.7)	80(39.6)	
70(73.7)	14(14.7)	11(11.6)		58(63.7)	19(20.9)	14(15.4)	
34(33.7)	25(24.8)	42(41.6)	**	55(49.5)	25(22.5)	31(27.9)	-
104(53.1)	39(19.9)	53(27.0)		113(55.9)	44(21.8)	45(22.3)	
54(56.8)	18(18.9)	23(24.2)		39(42.9)	29(31.9)	23(25.3)	
25(24.8)	23(22.8)	53(52.5)	**	29(26.1)	42(37.8)	40(36.0)	-
79(40.3)	41(20.9)	76(38.8)		68(33.7)	71(35.1)	63(31.2)	
53(55.8)	23(24.2)	19(20.0)		41(45.1)	34(37.4)	16(17.6)	
21(20.8)	26(25.7)	54(53.5)	**	42(37.8)	31(27.9)	38(34.2)	-
74(37.8)	49(25.0)	73(37.2)		83(41.1)	65(32.2)	54(26.7)	
39(41.1)	29(30.5)	27(28.4)		42(46.2)	24(26.4)	25(27.5)	
14(13.9)	14(13.9)	73(72.3)	**	29(26.1)	29(26.1)	53(47.7)	*
53(27.0)	43(21.9)	100(51.0)		71(35.1)	53(26.2)	78(38.6)	
62(65.3)	21(22.1)	12(12.6)		43(47.3)	29(31.9)	19(20.9)	
26(25.7)	25(24.8)	50(49.5)	**	35(31.5)	31(27.9)	45(40.5)	*
88(44.9)	46(23.5)	62(31.6)		78(38.6)	60(29.7)	64(31.7)	
36(37.9)	23(24.2)	36(37.9)		24(26.4)	28(30.8)	39(42.9)	
10(9.9)	9(8.9)	82(81.2)	**	16(14.4)	22(19.8)	73(65.8)	*
46(23.5)	32(16.3)	118(60.2)		40(19.8)	50(24.8)	112(55.4)	

のと考えられた。巨樹の成長や樹齢の話を聞くことで、樹木の命の源である種子を播こうとし、巨樹につくられたカラスの巣や幹の腐植が進行した話など、巨樹の現状の様子を聞くことで、野鳥や昆虫に興味をもったものと推察される。前述のように、自然とのふれあいに重点を置いた環境教育を行うこ

第Ⅱ部 制度・実践・設計に関わる理論

表 3.4 各校における樹木に対する自然接触行動および環境教育受講経験との関連性

巨樹への評価	受講経験[a]	K 回答数（％） 思う	少し思う	その他[b]	有意差検定[c]
木登りをした	有	32(33.0)	21(21.6)	44(45.4)	-
	無	22(35.5)	7(11.3)	33(53.2)	
	計	54(34.0)	28(17.6)	77(48.4)	
木の葉を押し葉にした	有	17(17.5)	13(13.4)	67(69.1)	-
	無	8(12.9)	5(8.1)	49(79.0)	
	計	25(15.7)	18(11.3)	116(73.0)	
木の実を集めた	有	45(46.4)	15(15.5)	37(38.1)	-
	無	25(40.3)	8(12.9)	29(46.8)	
	計	70(44.0)	23(14.5)	66(41.5)	
木の実を植えた	有	13(13.4)	7(7.2)	77(79.4)	-
	無	6(9.7)	4(6.5)	52(83.9)	
	計	19(11.9)	11(6.9)	129(81.1)	
掃除の他に落葉拾いをした	有	34(35.1)	9(9.3)	54(55.7)	-
	無	24(38.7)	4(6.5)	34(54.8)	
	計	58(36.5)	13(8.2)	88(55.3)	
木になっている実や果物を食べた	有	40(41.2)	3(3.1)	54(55.7)	-
	無	22(35.5)	4(6.5)	36(58.1)	
	計	62(39.0)	7(4.4)	90(56.6)	
木の葉のにおいをかいだ	有	38(39.2)	6(6.2)	53(54.6)	-
	無	10(16.1)	4(6.5)	48(77.4)	
	計	48(30.2)	10(6.3)	101(63.5)	
木の幹にさわった	有	61(62.9)	9(9.3)	27(27.8)	-
	無	37(59.7)	5(8.1)	20(32.3)	
	計	98(61.6)	14(8.8)	47(29.6)	
木の名前を調べた	有	28(28.9)	12(12.4)	57(58.8)	-
	無	6(9.7)	5(8.1)	51(82.3)	
	計	34(21.4)	17(10.7)	108(67.9)	
木にいる野鳥のようすを見たり調べたりした	有	48(49.5)	10(10.3)	39(40.2)	*
	無	18(18.6)	6(6.2)	38(39.2)	
	計	66(41.5)	16(10.1)	77(48.4)	
木にいる虫の観察をした	有	39(62.9)	11(17.7)	47(75.8)	**
	無	12(12.4)	9(9.3)	41(42.3)	
	計	51(32.1)	20(12.6)	88(55.3)	
木にいる虫をつかまえた	有	58(93.5)	6(9.7)	33(53.2)	-
	無	29(29.9)	2(2.1)	31(32.0)	
	計	87(54.7)	8(5.0)	64(40.3)	

a：「有」，「よくある」「少しある」の計。「無」：「どちらともいえない」「あまりない」「ない」の計
b：「どちらともいえない」「あまり思わない」「思わない」の計
c：学習受講経験の有無による「思う」「少し思う」との回答における χ^2 検定による結果　**：p＜.01　*：p＜.05
ns：有意差なし

との重要性が指摘されているが、H小学校のように体験的な学習よりも概念的な学習が中心的に行われている場合でも、その内容次第では、自然接触行

第7章　校庭の巨樹を用いた環境教育が児童・卒業生・教員の意識に及ぼす影響

S			有意差検定[c]	H			有意差検定[c]
回答数（%）				回答数（%）			
思う	少し思う	その他[b]		思う	少し思う	その他[b]	
30(31.6)	17(17.9)	48(50.5)	-	39(42.9)	15(16.5)	37(40.7)	*
23(22.8)	15(14.9)	63(62.4)		24(21.6)	15(13.5)	72(64.9)	
53(27.0)	32(16.3)	111(56.6)		63(31.2)	30(14.9)	109(54.0)	
18(18.9)	14(14.7)	63(66.3)	*	13(14.3)	6(6.6)	72(79.1)	-
11(10.9)	7(6.9)	83(82.2)		10(9.0)	4(3.6)	97(87.4)	
29(14.8)	21(10.7)	146(74.5)		23(11.4)	10(5.0)	169(83.7)	
54(56.8)	15(15.8)	26(27.4)	*	56(61.5)	12(13.2)	23(25.3)	
39(38.6)	16(15.8)	46(45.5)		61(55.0)	14(12.6)	36(32.4)	
93(47.4)	31(15.8)	72(36.7)		117(57.9)	26(12.9)	59(29.2)	
21(22.1)	4(4.2)	70(73.7)	-	27(29.7)	5(5.5)	59(64.8)	**
7(6.9)	4(4.0)	90(89.1)		9(8.1)	4(3.6)	98(88.3)	
28(14.3)	8(4.1)	160(81.6)		36(17.8)	9(4.5)	157(77.7)	
26(27.4)	11(11.6)	58(61.1)	-	20(22.0)	10(11.0)	61(67.0)	-
18(17.8)	6(5.9)	77(76.2)		12(10.8)	9(8.1)	90(81.1)	
44(22.4)	17(8.7)	135(68.9)		32(15.8)	19(9.4)	151(74.8)	
48(50.5)	5(5.3)	42(44.2)	*	34(37.4)	7(7.7)	50(54.9)	
25(24.8)	11(10.9)	65(64.4)		26(23.4)	6(5.4)	79(71.2)	
73(37.2)	16(8.2)	107(54.6)		60(29.7)	13(6.4)	129(63.9)	
39(41.1)	8(8.4)	48(50.5)	*	24(26.4)	9(9.9)	58(63.7)	
17(16.8)	10(9.9)	74(73.3)		16(14.4)	7(6.3)	88(79.3)	
56(28.6)	18(9.2)	122(62.2)		40(19.8)	16(7.9)	146(72.3)	
52(54.7)	7(7.4)	36(37.9)	-	57(62.6)	5(5.5)	29(31.9)	-
45(44.6)	9(8.9)	47(46.5)		64(57.7)	11(9.9)	36(32.4)	
97(49.5)	16(8.2)	83(42.3)		121(59.9)	16(7.9)	65(32.2)	
29(30.5)	12(12.6)	54(56.8)	**	24(26.4)	5(5.5)	62(68.1)	*
8(7.9)	9(8.9)	84(83.2)		10(9.0)	5(4.5)	96(86.5)	
37(18.9)	21(10.7)	138(70.4)		34(16.8)	10(5.0)	158(78.2)	
31(32.6)	13(13.7)	51(53.7)	*	37(40.7)	1(1.1)	53(58.2)	**
11(10.9)	12(11.9)	78(77.2)		24(21.6)	14(12.6)	73(65.8)	
42(21.4)	25(12.8)	129(65.8)		61(30.2)	15(7.4)	126(62.4)	
25(26.3)	13(13.7)	57(60.0)	*	30(33.0)	3(3.3)	58(63.7)	-
14(13.9)	5(5.0)	82(81.2)		19(17.1)	7(6.3)	85(76.6)	
39(19.9)	18(9.2)	139(70.9)		49(24.3)	10(5.0)	143(70.8)	
38(40.0)	7(7.4)	50(52.6)	-	50(54.9)	0(0.0)	41(45.1)	**
24(23.8)	9(8.9)	68(67.3)		35(31.5)	13(11.7)	63(56.8)	
62(31.6)	16(8.2)	118(60.2)		85(42.1)	13(6.4)	104(51.5)	

動を誘発させることができる。

5. まとめ

以上より、児童に巨樹を用いた環境教育を経験する場をもたせることが重要であり、環境教育の経験を積ませる上で、学習内容を考えて実践を進める教師の役割は大きい。豊富な知識をもち、巨樹の歴史などの概念的な学習に加え、体験的な活動を取り入れた環境教育を積極的に進めようとする意欲ある教師に接することができた児童ほど、巨樹や他の樹木に対する意識が高くなるものと考えられる。したがって、教師が巨樹を用いた学習を積極的に行うことができるよう、教師の意識と知識を向上させていくことが必要になる。

第4節　卒業後の意識や行動に影響を与える在学中の巨樹との係わり

校庭に巨樹が存在する千葉県C小学校（図4.1）を卒業したD中学校の生徒に対して、小学校時代の巨樹への係わり方が、その後の巨樹や身近な樹木に対する自然接触行動に及ぼす影響を見た（長友・近江，2003）。

図4.1　C小学校の巨樹

松原ら（1996）によれば、校内に残存する巨樹に対する小学生の意識は、日常生活における巨樹への接触頻度に大きな係わりがあるとされている。そこで、ここでは松原らと同様に小学生時代の巨樹のそばでの遊びや立ち話の頻度を接触頻度とし、卒業生である中学生の巨樹に対する意識の差異および自然接触行動の差異を調べた。なお、卒業後1年以上が経過しており、厳密な接触回数を明らかにすることが困難なため、接触頻度については大まかな尺度として在学中に「毎日」「週2～3回」「週1回」「週1未満」のうち、どのくらい接触していたかという4段階に分け回答を求めている。

1. シンボル意識

クスノキを小学校のシンボルと見なす意識と接触頻度との関係は、いずれの接触頻度とも「思う」「少し思う」を合わせて80％以上となり、多くの卒業生はクスノキの巨樹を小学校のシンボルと見なしていることがわかった（図4.2）。これは、生活の時間等に巨樹

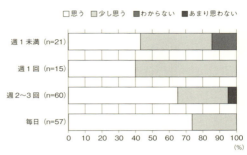

図4.2　巨樹に対するシンボル意識

へのふれ合いの機会が多くもたれていたこと、校歌の中に歌われたり、児童文集にその名がつけられたりしていたこと等が影響していると考えられる。なお、特に、「毎日」「週2～3回」といった頻繁に小学校時代に調査木に接触していたと記憶している卒業生は「思う」が60％を上回っており、その意識が強く、「週1回」「週1未満」と接触頻度が少ないほど「思う」の割合が小さいことがわかった。

2. 身近で最も親しみのある木

図4.3に示すように、小学校時代に日常的に巨樹に係わっていたとする尺度である「毎日」と答えたうちの80％近くが、現在でも小学校の巨樹を最も親しみのある木としてあげている。一方、接触頻度が少ない程、親しみのある木と

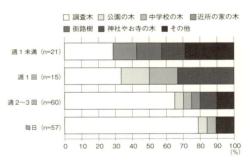

図4.3　身近で最も親しみのある木

して巨樹をあげる割合が小さく、「週1未満」では30％未満となっている。このことから、巨樹への親しみは小学校時代の接触頻度が大きく影響することがわかった。小学校時代に毎日のように巨樹の下で遊んだ経験は、巨樹へ

の強い愛着、親しみを形成し、卒業後も思い出として心に残るものと推察される。

3. 卒業生の自然接触行動

表 4.1 には各項目の「ある」、「ない」と答えた割合をそれぞれ示している。表から、樹木に対する接触行動が行われているのは全体的に学校以外の場が多い。この結果の要因として、中学校は小学校のように生活科の授業がなく具体的な環境教育が取り組みにくいこと、放課後の時間に部活動などがあり、樹木に接する時間的なゆとりがない生徒が多いこと、校庭内に自然接触行動を行うための樹木の不足等が推察される。したがって、総合的な学習の時間が教育課程に組み込まれている現在、中学生に対して学校内で樹木に対する自然接触行動を誘発させるためには、新たな環境教育のカリキュラムの開発、時間の確保、樹木の植栽等が重要になるものと思われる。以下、比較的多くの卒業生が「ある」と選択した項目について、小学校時の巨樹への接

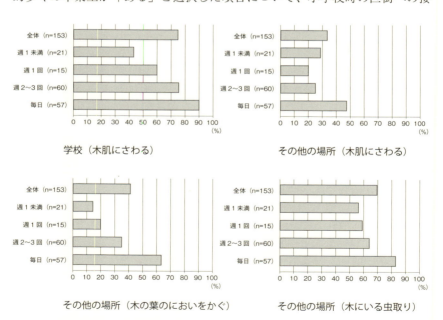

図 4.4　巨樹への接触頻度と樹木への自然接触行動

触頻度との関係を見ることとする。

(1) 学校における自然接触行動

　小学校卒業後に行ったことがあると答えた項目のうち、「木肌にさわる」が70％以上を示しているものの、その他の項目の割合は、いずれも30％未満と低い。そこで、学校における自然接触行動について20％以上を示した「木の葉のにおいをかぐ」「木肌にさわる」「木にいる虫の観察」「木にいる虫取り」の4項目における接触頻度との関係をみた。その結果、いずれも「毎日」での割合が最も高かったが、検定結果から関連性が認められたのは「木肌にさわる」（図4.4）のみであった。

　中学校においてはさまざまな制約の下、自然接触行動がとりにくい現状にあると思われるが、その状況下でも、小学校時に巨樹に接する頻度の高い卒業生ほど、中学生になっても、校内で木肌にさわるなどの自然接触行動を行おうとしていた。このことから、小学校時に巨樹をはじめとした樹木に接する機会を多くもち、卒業後においても小学校時に樹木に頻繁に接触していたというイメージをもたせ続けることが、その後の学校生活における自然接触行動を引き起こす上で重要である。

(2) 学校外の日常生活における自然接触行動

　表4.1に示すように、中学生が学校の場以外で入学後、行ったことがあると答えた項目のうち、学校の中の場合と同様に、「木肌にさわる」が70％と高い割合を示しているが、その他の項目については学校の中の場合より高い割合を示しているものの、いずれも50％未満と低い。ここでは自然接触行動について30％以上を示した「木登り」「木の実集め」「木になっている実や果物を食べる」「木の葉のにおいをかぐ」「木肌にさわる」「木にいる虫の観察」「木にいる虫取り」の7項目における接触頻度との関係をみた。その結果、「木肌にさわる」「木の葉のにおいをかぐ」「木にいる虫取り」の3項目（図4.4）で関連性が認められ、小学校時に巨樹に接する頻度が高かった卒業生ほど、中学校の学校生活内のみならず、その他の場所においても樹木

表 4.1　卒業生の自然接触行動

自然接触行動 (n=153)	接触場所	回答数(%) ある	回答数(%) ない
木登りをしたことがあるか	学校の中	12(7.8)	141(92.2)
	その他の場所	69(45.1)	84(54.9)
木の葉を押し葉にしたことがあるか	学校の中	9(5.9)	144(94.1)
	その他の場所	18(11.8)	135(88.2)
木の実を集めたことがあるか	学校の中	30(19.6)	123(80.4)
	その他の場所	72(47.1)	81(52.9)
木の実を植えたことがあるか	学校の中	0(0.0)	153(100.0)
	その他の場所	12(7.8)	141(92.2)
掃除の他に、落ち葉拾いをしたことがあるか	学校の中	18(11.8)	135(88.2)
	その他の場所	36(23.5)	117(76.5)
木になっている実や果物を食べたことがあるか	学校の中	9(5.9)	144(94.1)
	その他の場所	57(37.3)	96(62.7)
木の葉のにおいをかいだことがあるか	学校の中	42(27.5)	111(72.5)
	その他の場所	51(33.3)	102(66.7)
木肌にさわったことがあるか	学校の中	114(74.5)	39(25.5)
	その他の場所	108(70.6)	45(29.4)
木の名前を調べたことがあるか	学校の中	24(15.7)	129(84.3)
	その他の場所	27(17.6)	126(82.4)
木にいる野鳥のようすを見たり調べたりしたことがあるか	学校の中	18(11.8)	135(88.2)
	その他の場所	33(21.6)	120(78.4)
木にいる虫の観察をしたことがあるか	学校の中	39(25.5)	114(74.5)
	その他の場所	48(31.4)	105(68.6)
木にいる虫をつかまえたことがあるか	学校の中	36(23.5)	117(76.5)
	その他の場所	63(41.2)	90(58.8)

に対し自然接触行動をとろうとする傾向があった。したがって、時間を確保して巨樹を用いた環境教育を行い、日常的に巨樹に接する機会を与えていくことは、児童・生徒に対し、その後の生活において樹木に対する自然接触行動を行う動機づけとなり、意義あるものとなる。

4. まとめ

　卒業生の多くは、巨樹を小学校のシンボルとして保護したいと考えており、特に在学時代の巨樹への接触頻度が多いほどこの意識は高まると考えられた。そして、毎日のように巨樹の下で遊んだり、立ち話をしたりした経験があったと記憶している卒業生は、卒業後も最も身近で親しみのある木として巨樹をとらえており、強い愛着心をもっていた。また、中学校入学後の樹木に対する自然接触行動については、小学校時の巨樹に対する接触頻度により差異がみられ、日常的に巨樹に接していた生徒ほど、学校内外を問わず、日常生活の中で樹木に対する自然接触行動を行おうとする傾向があることがわかった。

　児童・生徒の自然との係わりを考える場合、巨樹を含めた樹木は、その景観から情緒を養うというはたらきに加え、遊びの材料、季節の移り変わりを知る材料としてのはたらきをもつことが報告されている（大澤・山内，1983）。生活や総合的な学習の時間を利用し、小学校時に日常的に巨樹を取り上げ、ふれ合う機会を多くもたせることは重要である。

第5節　環境教育実践経験に係わる教員の意識

　校庭に巨樹が残存する小学校で、保護意識を醸成するためには、教員による巨樹を活用した環境教育の実践が重要であり、指導者としての教員の知識と意識の向上が求められる。そこで、巨樹を校庭に有するＳ小学校（東京都）、Ｋ小学校（京都市）、Ｙ小学校（埼玉県）、Ｂ小学校（埼玉県）の4校において、教員の巨樹への評価及び環境教育の実践等に対する意識調査を行い、巨樹を用いた環境教育の実践の現状と問題点を明らかにし、教育現場でより多くの教員の取り組みを可能とする方策を探った（長友ら，2012）。

1. 各校の概要（S、K小学校は前掲）

（1）Y小学校

　学校として巨樹を教材とした学習は実施していない。その存在感から、学校のシンボル的な存在となっており、総合的な学習の時間の呼称を「くすのきタイム」、その学年末の発表会を「くすのきワールド」と名づけ、開催時には地域住民を招待している。

（2）B小学校

　町指定の天然記念物に指定されたイチョウの巨樹を有しており、校歌に歌われたり、学校だよりのタイトル（大いちょう）になったりと、児童にとって巨樹は学校の象徴となっている。記念写真を撮る際は、児童の方で希望してイチョウの前で撮ることも多く、児童の心の奥に残る樹木となっている。なお、学校として巨樹を教材に用いた学習はなされておらず、各教員に任されている。

2. 巨樹を用いた環境教育の必要性、関心、実践経験

　表5.1に示すように、「授業や学級経営の中で巨樹を用いた環境教育の必要性を感じること」については89.8％、「巨樹を用いた環境教育の関心」については79.6％で、巨樹を用いた環境教育の必要性を多くの教員が感じ、関心をもっていた。一方、「巨樹を用いた環境教育の実践経験」については51.0％に留まっており、実践経験のある教員は少ない。このことから自校に巨樹が存在し、その利活用に対する意欲はあるものの、実践に結びついていない教員が多いことがわかる。前述したように、児童の巨樹への評価、日常的な樹木に対する自然接触行動は、環境教育受講経験と大きな係わりがあることが認められている。したがって、実践経験に結びついていない現状は大きな問題であり、多くの教員が実践可能となるような方策を追究する必要があるものと思われる。なお、表5.2には実践経験のある教員が行った実践内容を示した。「歴史について」の学習が多くの教員によってなされており、単なる樹木としてではなく、歴史を感じさせる文化財的な感覚で教員は接しているのではないかと考えられる。

表 5.1　教員の環境教育への意識

環境教育への意識	回答数(%)		
	とてもある	少しある	その他[a]
授業や学級経営の中で巨樹を用いた環境教育の必要性を感じること	30(61.2)	14(28.6)	5(10.2)
巨樹を用いた環境教育の関心	13(26.5)	26(53.1)	10(20.4)
巨樹を用いた環境教育の実践経験	8(16.3)	17(34.7)	24(49.0)

a：「どちらともいえない」「あまりない」「ない」の計（「無回答」1名含む）

表 5.2　教員が行った実践の内容

実践の内容	複数回答による回答数[※](%)
歴史について	14(56.0)
写生や工作のモデル	5(20.0)
葉を用いた	5(20.0)
幹周など巨樹本体を調べた	2(8.0)
巨樹にくる鳥や虫	2(8.0)
実を用いた	1(4.0)
樹皮を用いた	1(4.0)

※表5.1における「実践」が「とてもある」「少しある」と答えた回答者における回答数

3. 実践経験の有無による教員の意識の比較

　調査対象の4校ともに、学校として巨樹を教材として用いた学習を行っておらず、巨樹を用いた環境教育の実践は教員の裁量となっている。そのため、巨樹を用いた環境教育の実践経験がある教員とない教員とが存在し、各校ともに類似した様子を示していた。ここでは、実践経験の有無による巨樹に対する意識等の差異を明らかにし、多くの教員の実践を誘発するための方向性を探った。

(1) 巨樹への評価

　「景色をよくしてくれる」「歴史を感じさせてくれる」等、巨樹への評価を表す12項目について、教員の巨樹を用いた環境教育実践経験の有無と巨樹

表 5.3 教員の巨樹への評価

巨樹への評価	実践経験	実践経験の有無による差			有意差検定[d]
		回答数(％)			
		思う	少し思う	その他[c]	
景色をよくしてくれる	有(n=25)[a]	19(76.0)	4(16.0)	2(8.0)	-
	無(n=24)[b]	20(83.3)	3(12.5)	1(4.2)	
	計(n=49)	39(79.6)	7(14.3)	3(6.1)	
歴史を感じさせてくれる	有(n=25)[a]	24(96.0)	1(4.0)	0(0.0)	-
	無(n=24)[b]	20(83.3)	3(12.5)	1(4.2)	
	計(n=49)	44(89.8)	4(8.2)	1(2.0)	
木陰が安らぎを感じさせてくれる	有(n=25)[a]	19(76.0)	2(8.0)	4(16.0)	-
	無(n=24)[b]	21(87.5)	2(8.3)	1(4.2)	
	計(n=49)	40(81.6)	4(8.2)	5(10.2)	
鳥などが集まり，自然を感じさせてくれる	有(n=25)[a]	9(36.0)	9(36.0)	7(28.0)	-
	無(n=24)[b]	12(50.0)	7(29.2)	5(20.8)	
	計(n=49)	21(42.9)	16(32.7)	12(24.5)	
落葉が季節を感じさせてくれる	有(n=25)[a]	19(76.0)	3(12.0)	3(12.0)	-
	無(n=24)[b]	16(66.7)	5(20.8)	3(12.5)	
	計(n=49)	35(71.4)	8(16.3)	6(12.2)	
地域の宝であり，誇るべきもの	有(n=25)[a]	21(84.0)	4(16.0)	0(0.0)	*
	無(n=24)[b]	14(58.3)	8(33.3)	2(8.3)	
	計(n=49)	35(71.4)	12(24.5)	2(4.1)	
学校の宝であり，誇るべきもの	有(n=25)[a]	24(96.0)	1(4.0)	0(0.0)	-
	無(n=24)[b]	19(79.2)	4(16.7)	1(4.2)	
	計(n=49)	43(87.8)	5(10.2)	1(2.0)	
生命の大切さを感じさせてくれる	有(n=25)[a]	18(72.0)	6(24.0)	1(4.0)	-
	無(n=24)[b]	13(54.2)	10(41.7)	1(4.2)	
	計(n=49)	31(63.3)	16(32.7)	2(4.1)	
自然の大切さや不思議さを感じさせてくれる	有(n=25)[a]	20(80.0)	4(16.0)	1(4.0)	-
	無(n=24)[b]	14(58.3)	8(33.3)	2(8.3)	
	計(n=49)	34(69.4)	12(24.5)	3(6.1)	
いつも見守ってくれる守り神のようなもの	有(n=25)[a]	13(52.0)	10(40.0)	2(8.0)	*
	無(n=24)[b]	9(37.5)	7(29.2)	8(33.3)	
	計(n=49)	22(44.9)	17(34.7)	10(20.4)	
木の力強さを感じさせてくれる	有(n=25)[a]	20(80.0)	5(20.0)	0(0.0)	-
	無(n=24)[b]	16(66.7)	5(20.8)	3(12.5)	
	計(n=49)	36(73.5)	10(20.4)	3(6.1)	
神が宿るような神秘的な感じがするもの	有(n=25)[a]	2(8.0)	10(40.0)	13(52.0)	
	無(n=24)[b]	2(8.3)	8(33.3)	14(58.3)	
	計(n=49)	4(8.2)	18(36.7)	27(55.1)	

a：「有」，「とてもある」「少しある」の計
b：「無」，「どちらともいえない」「あまりない」「ない」の計（「無回答」1名含む）
c：「どちらともいえない」「あまり思わない」「思わない」の計
d：実践経験の有無によるt検定の結果　**：p＜.01　*：p＜.05　-：有意差なし

への評価との係わりを調べた（表5.3）。その結果、「神が宿るような神秘的な感じがするもの」以外の11項目では、実践経験の有無にかかわらず「思う」「少し思う」との回答が66％以上を示していた。そして、「地域の宝であり、誇るべきもの」「いつも見守ってくれる守り神のようなもの」の2項目において、巨樹を用いた環境教育の実践経験が、「とてもある」「少しある」と回答した教員と、その他の回答をした教員との間にt検定による有意な差が認められた。このことから、教員の多くは実践の有無にかかわらず、巨樹に対して多くのプラス評価をしているが、その中にあって、実践経験のある教員は、実践経験のない教員に比べ、自校の校庭に残存する巨樹の価値を地域レベルでとらえ、「守り神」とも思える、極めて身近な存在として意識していた。

　住宅街の住民の意識調査では、巨樹に接触する機会が多いほど、巨樹をプラスに評価するとの結果が報告されている（長友ら，1993）。したがって、巨樹を用いた環境教育の実践に教員の意識を向けるには、教員が巨樹に接する機会を作り、巨樹を身近な存在であると認識させて、教員による巨樹の評価を高めることが重要だと考えられる。なお、表5.2に示すように、実践経験のある教員の多くは、生活科や総合的な学習の時間を中心として、巨樹の歴史等を調査している。教員へのアンケートの自由記述欄には、調査の際、学校内に留まらず地域に出て行き、児童とともに地域の高齢者にヒアリングを行ったり、年配の卒業生が巨樹を見にきた姿を見かけたりしたとの記述が複数見られた。こうした経験を通じて、巨樹と地域との係わりを実感できたことが、巨樹の価値を地域レベルでとらえ得た要因として推測できる。そして、学校のみならず地域の宝という認識を教員が持つことで、さらに教材として取り上げようとする意識が向上するのではないだろうか。授業のみならず、多くの教育活動の中で、学校内に留まらず、「地域の中の巨樹」という認識を教員がもつことができるよう、巨樹を題材に学校と地域との係わりを深める方策が必要である。

表5.4 巨樹以外の樹木による環境教育

内　容	実践経験の有無による差				有意差検定[d]
	実践経験	回答数（%）			
		とてもある	少しある	その他[c]	
樹木を用いた環境教育の実践	有(n=25)[a]	4(16.0)	14(56.0)	7(28.0)	**
	無(n=24)[b]	0(0.0)	9(37.5)	15(62.5)	
	計(n=49)	4(8.2)	23(46.9)	22(44.9)	

a：「有」，「とてもある」「少しある」の計
b：「無」，「どちらともいえない」「あまりない」「ない」の計（「無回答」1名含む）
c：「どちらともいえない」「あまりない」「ない」の計
d：実践経験の有無によるt検定の結果　**：p＜.01　*：p＜.05　-：有意差なし

(2) 巨樹以外の樹木を用いた環境教育の実践経験

「自校の巨樹以外の樹木を用いて、過去に環境教育を実践したことがあるか」に対する回答は、巨樹を用いた環境教育の実践経験がある教員72.0％、実践経験がない教員37.5％であった（表5.4）。そして、t検定の結果、環境教育の実践経験がある教員ほど、自校の巨樹以外の樹木を用いて、過去に環境教育を実践したことがある割合が有意に高いことがわかった。前述のように長い年月にわたって生き抜いてきた巨樹は、単に緑の役割をもつのみならず、文化財・信仰の対象（牧野，1989，196-214頁、2000，23-49頁）、生命の尊厳や大切さを教育する上での教材（唐沢，2000，195-197頁）としても重要であることが指摘されている。このことから、表5.2に示した実践内容のうち、巨樹に特化した実践内容と思われる「歴史について」や「幹周など巨樹本体」の調査により、上記のような教育効果が得られるものと考えられる。一方、検定の結果から、それ以外の「葉、実および樹皮」を用いた調査や「鳥や虫」の調査等については、巨樹を用いた実践のスキルが巨樹以外の樹木による実践に活かされた、もしくは巨樹以外の樹木による実践のスキルが巨樹を用いた場合に活かされたものと考えられる。自校に巨樹がない場合であっても、身近な樹木を用いて環境教育を実践していくことで得られた実践スキルが、将来的に異動先に巨樹が残存した場合、巨樹を用いた環境教育の

実践スキルの一部として役立つこととなり、教員の実践行動の誘発につながる。

4. まとめ

教育現場で、巨樹を用いた環境教育がより多くの教員により実践されることが可能となるためには、次の点を考慮すべきである。

既に自校に巨樹が校庭に残存している教員の場合は、地域と巨樹との係わりを認識し、巨樹への評価を高めることができるよう、巨樹と頻繁に接する機会をもつとともに、環境教育の実践を行う際には、巨樹と地域との係わりを感じられるよう、校内のみならず、地域に出て調査等を行うことが重要である。一方、自校に巨樹が残存しない場合には、身近にある樹木を用いて環境教育を実践していくことで、巨樹を用いた環境教育の実践スキルの一部として役立つこととなり、将来的に巨樹が残存する学校に異動した際の実践行動の誘発につながるものと考えられる。

引用・参考文献

池田政晴（1939）『京都の巨樹名木』大典記念京都植物園

岩手県二戸市まちづくり推進課（2001）『全国こども巨木サミット報告書』岩手県二戸市まちづくり推進課

唐沢孝一（2000）『語り継ぐ焼けイチョウ』北斗出版

木下勇・中村攻（1993）「児童の風景描写からみた農村景観への意識化に関する研究」『造園雑誌』56（5）、211-216

楠田直美・鈴木善次（1993）「絵を通してみた子どもの自然イメージ」『環境教育』3（1）、46-53

牧野和春（1989）『異相巨木伝承』牧野出版

牧野和春（2000）『日本巨樹論』惜水社

松原秀也・丸田頼一・近江慶光・柳井重人（1996）「校庭の巨樹に係わる小学生および卒業生の意識に関する研究」『ランドスケープ研究』59（5）、81-84

長友大幸・加藤博・岡田準人・下村孝（2012）「小学校校庭の巨樹を用いた環境教育実践経験が教員の意識に及ぼす影響」『ランドスケープ研究』75（5）、631-

634

長友大幸・近江慶光・丸田頼一（1993）「住居系市街地における巨樹に係わる住民意識に関する研究」『造園雑誌』56 (5)、283-288

長友大幸・近江慶光（2003）「小学校における巨樹が卒業生の意識および自然接触行動に与える影響」『ランドスケープ研究』66 (5)、847-850

長友大幸・下村孝（2006）「校庭の巨樹を用いた環境教育受講経験が児童の意識に及ぼす影響」『ランドスケープ研究』69 (5)、829-834

布谷知夫（1998）「環境教育の場としての里山」『ランドスケープ研究』61 (4)、296-298

大澤力・山内昭道（1983）「保育における植物の考察—園庭における樹木についての検討—」『幼少年教育』9、8-17

田中実（1993）「自然認識と環境教育」大田堯編『学校と環境教育』東海大学出版会

東京市保健局公園課（1934）『東京市内の老樹名木』東京市保健局公園課

安盛博（1990）『樹木天然記念物指定の手引』牧野出版

吉田博宣・坂本圭児・河合健（1988）「都市域におけるニレ科残存木に対する住民の意識について」『造園雑誌』51 (5)、228-233

全国巨樹・巨木林の会（2003）『こどもたちによる巨木保全活動の手引き』全国巨樹・巨木林の会

著者紹介 （執筆順、＊は編著者）

＊松永幸子（まつなが・さちこ）
東京大学大学院教育学研究科博士課程修了／専門：教育学
主な著書：『近世イギリスの自殺論争――自己・生命・モラルをめぐるディスコースと人道協会』知泉書館、2012 年、『わたしたちの生活と人権』（共著）保育出版社、2015 年

＊三浦正雄（みうら・まさお）
青山学院大学大学院文学研究科博士後期課程満期退学／専門：日本近代児童文学、日本近代文学
主な著書：『楽しい創作入門』岩波書店、1997 年、『怪談』（編著）講談社、2004 年

堀田正央（ほった・まさなか）
東京大学大学院医学系研究科国際保健学専攻博士課程単位取得退学／専門：国際保健学
主な著書：Situational analysis of maternal and child health services for foreign residents in Japan. *Pediatrics International*, 2007 Apr, 49(2): 293-300、『多文化保育・教育論』（共著）みらい、2014 年

渡邊光雄（わたなべ・みつお）
東京教育大学大学院教育学研究科教育学専攻博士課程単位取得退学／専門：教育学
主な著書：『クラフキの「二面的開示」に関する研究』勁草書房、1994 年

山本智子（やまもと・ともこ）
早稲田大学大学院文学研究科人文科学専攻教育学コース博士課程単位取得退学／
　　専門：保育学・学校教育学
主な著書：『子どもが医療に参加する権利』講談社、2016 年、『新しい保育原理』
（共著）大学図書出版、2016 年

金谷有子（かなや・ゆうこ）
慶應義塾大学大学院社会学研究科博士課程単位取得退学／専門：発達心理学
主な著書：『＜身体＞に関する発達支援のユニバーサルデザイン　シリーズ発達支
　　援のユニバーサルデザイン　第 3 巻』（共著）金子書房、2014 年、『乳幼児の人
　　格形成と母子関係』（共著）1991 年、東京大学出版会

長友大幸（ながとも・ひろゆき）
京都府立大学大学院人間環境科学研究科博士課程修了／専門：環境教育学
主な著書：『環境都市計画事典』（共著）朝倉書店、2005 年、小学校校庭の巨樹を
　　用いた環境教育実践経験が教員の意識に及ぼす影響」『ランドスケープ研究』
　　75（5）、日本造園学会、2012 年

埼玉学園大学研究叢書 第 14 巻
生命・人間・教育 —— 豊かな生命観を育む教育の創造

2016 年 11 月 22 日　初版第 1 刷発行

編著者	松永幸子・三浦正雄
発行者	石　井　昭　男
発行所	株式会社 明石書店

〒101-0021 東京都千代田区外神田 6-9-5
電話　03（5818）1171
FAX　03（5818）1174
振替　00100-7-24505
http://www.akashi.co.jp

装　丁　明石書店デザイン室
DTP　レウム・ノビレ
印刷・製本　モリモト印刷株式会社

（定価はカバーに表示してあります）　ISBN978-4-7503-4437-9

JCOPY 〈(社)出版者著作権管理機構　委託出版物〉
本書の無断複写は著作権法上での例外を除き禁じられています。複写される場合は、そのつど事前に、(社)出版者著作権管理機構（電話 03-3513-6969、FAX 03-3513-6979、e-mail: info@jcopy.or.jp）の許諾を得てください。

障害学研究

障害学研究編集委員会［編集］
障害学会［発行］

A5判／並製

障害を社会・文化の視点から研究する障害学（Disability Studies）の発展・普及と会員相互の研究上の連携・協力をはかることを目的とする障害学会の発行する学会誌。

障害学研究①
特集 障害学とはなにか――障害学会第1回大会企画から
本体価格2500円

障害学研究②
特集 障害学会第2回大会企画から
本体価格2500円

障害学研究③
特集 障害学生支援の障害学――入学障壁、学習障壁、就職障壁の過去と現在を問う
本体価格2200円

障害学研究④
特集 障害学と経済学の対話
本体価格2300円

障害学研究⑤
特集Ⅰ 障害と分配的正義――ベーシック・インカムは答になるか？
特集Ⅱ 障害学とろう者学の対話は可能か？
本体価格2400円

障害学研究⑥
特集Ⅰ スティグマの障害学――水俣病、ハンセン病と障害
特集Ⅱ 障害と貧困――ジェンダーの視点から見えてくるもの
本体価格2200円

障害学研究⑦
特集Ⅰ 障害学とソーシャルワーク
特集Ⅱ 障害学生支援を語る
特集Ⅲ 障害学と障害者政策――イギリスと日本の対話
本体価格3000円

障害学研究⑧
特集Ⅰ 愛知における障害者運動――労働をめぐるとりくみと現代的意義
特集Ⅱ 災厄に向かう――阪神淡路の時、そして福島から白石清春氏を招いて
本体価格2500円

障害学研究⑨
特集Ⅰ 個人的な経験と障害の社会モデル――知的障害に焦点を当てて
特集Ⅱ 「地域に出る」それは手段だったのか目的だったのか
特集Ⅲ 障害者の自己決定権と給付決定の公正性――イギリスにおける自己管理型支援の法的試み
本体価格2600円

障害学研究⑩
特集Ⅰ 政策形成における「当事者参画」の経験と課題
特集Ⅱ 「当事者学」に未来はあるか――障害学会創立10周年に寄せて
本体価格2600円

障害学研究⑪
特集 インクルーシブ社会 その理念と現実――沖縄における条例制定の経験を通して「障害学」を考える
本体価格3000円

――以下、続刊

〈価格は本体価格です〉

図表でみる教育

OECDインディケータ（2016年版）

経済協力開発機構（OECD）編著
徳永優子、稲田智子、矢倉美登里、大村有里、坂本千佳子、三井理子 訳

A4判変型／並製　●8600円

OECD加盟各国の教育を取り巻く状況を国際的に比較・評価するデータ集。一連の最新のインディケータ（指標）を豊富かつ国際比較が可能な形で提示する。教育機関による成果と学習の影響、教育の成果を形成する政策手段と教育制度の運営や発展の方法、および教育に投資される人的資源と財源といった情報を、豊富な図表とともにテーマ別に構成。

●内容構成●

A章 教育機関の成果と教育・学習の効果
成人の学歴分布／後期中等教育卒業率／高等教育卒業率／高等教育進学率／最終学歴別の就業状況／教育による所得の増加／教育からの収益／教育投資への誘因／教育の社会的成果／高等教育修了率

B章 教育への支出と人的資源
在学者一人当たり／国内総生産（GDP）に対する教育支出の割合／教育支出の公私負担割合／公財政教育支出／教育機関の授業料と学生への公的補助／教育支出の使途別構成／教育支出の水準を決定する要因

C章 教育機会・在学・進学の状況
初等教育から高等教育までの在学率／幼児教育／高等教育機関における留学生と外国人学生／若年者の就学及び就業状況／成人の教育への参加

D章 学習環境と学校組織
初等・中等教育学校の生徒の標準授業時間数／学級規模と教員、教員一人当たり生徒数／教員の給与／教員の授業時間数及び勤務時間数／教員の構成／学校長の構成と職務

図表でみる世界の行政改革 オールカラー版
OECDインディケータ
OECD編著　平井文三訳
●6800円

図表でみる世界の主要統計
経済、環境、社会に関する統計資料
OECDインディケータ（2015年版）
経済協力開発機構（OECD）編著
●8200円

OECDファクトブック（2014年版）
経済協力開発機構（OECD）編著　トリフォリオ訳
●6600円

OECD世界開発白書2
富のシフト世界と社会的結束
OECD開発センター編　門田清訳
●4500円

OECD幸福度白書2
より良い暮らし指標：生活向上と社会進歩の国際比較
OECD編　西村美由起訳
●8600円

OECD成人スキル白書
第1回国際成人力調査（PIAAC）報告書
〈OECDスキル・アウトルック2013年版〉
経済協力開発機構（OECD）編　矢倉美登里ほか訳
●7600円

OECDジェンダー白書
今こそ男女格差解消に向けた取り組みを！
OECD編著　濱田久美子訳
●7200円

OECD保育白書
人生の始まりこそ力強く：乳幼児期の教育とケア（ECEC）の国際比較
OECD編　星三和子、首藤美香子、大和洋子、一見真理子訳
●7600円

OECD教員白書
効果的な教育実践と学習環境をつくる
〈第1回OECD国際教員指導環境調査（TALIS）報告書〉
OECD編著　斎藤里美監訳
●7400円

〈価格は本体価格です〉

21世紀のICT学習環境　生徒・コンピュータ・学習を結びつける
経済協力開発機構（OECD）編著　国立教育政策研究所監訳
●3700円

教育研究とエビデンス　国際的動向と日本の現状と課題
国立教育政策研究所編
●3700円

生きるための知識と技能6
OECD生徒の学習到達度調査（PISA）2015年調査国際結果報告書
国立教育政策研究所編　大槻達也、惣脇宏ほか著
●3800円

教員環境の国際比較　OECD国際教員指導環境調査（TALIS）2013年調査結果報告書
国立教育政策研究所編
●3700円

成人スキルの国際比較　OECD国際成人力調査（PIAAC）報告書
国立教育政策研究所編
●3500円

格差拡大の真実　二極化の要因を解き明かす
経済協力開発機構（OECD）編著　小島克久、金子能宏訳
●3800円

主観的幸福を測る　OECDガイドライン
経済協力開発機構（OECD）編著　桑原進監訳　高橋しのぶ訳
●7200円

幸福の世界経済史　1820年以降、私たちの暮らしと社会はどのような進歩を遂げてきたのか
OECD開発センター編著　徳永優子訳
●5400円

●6800円

諸外国の初等中等教育
文部科学省編著
●3600円

諸外国の教育動向　2015年度版
文部科学省編著
●3600円

PISA2015年調査　評価の枠組み
OECD生徒の学習到達度調査
経済協力開発機構（OECD）編著　国立教育政策研究所監訳
●3700円

PISAの問題できるかな？
OECD生徒の学習到達度調査
経済協力開発機構（OECD）編著　国立教育政策研究所監訳　渡辺良監訳
●3600円

PISAから見る、できる国・頑張る国2　未来志向の教育を目指す：日本
経済協力開発機構（OECD）編著　入江晃史訳
●3600円

インターネット経済　デジタル経済分野の公共政策OECDソウル宣言進捗レビュー
経済協力開発機構（OECD）編著　齋藤長行著訳
●4500円

サイバーリスクから子どもを守る　エビデンスに基づく青少年保護政策
経済協力開発機構（OECD）編著　新垣円訳
●3600円

行動公共政策　行動経済学の洞察を活用した新たな政策設計
経済協力開発機構（OECD）編著　齋藤長行訳
●3000円

〈価格は本体価格です〉

アートの教育学 革新型社会を拓く学びの技
OECD教育研究革新センター編著
篠原康正、篠原真子、袰岩晶訳
●3700円

21世紀型学習のリーダーシップ イノベーティブな学習環境をつくる
OECD教育研究革新センター編著
木下江美、布川あゆみ監訳
斎藤里美、本田伊克、大西公恵、三浦綾希子、藤波海327訳
●4500円

学びのイノベーション 21世紀型学習の創発モデル
OECD教育研究革新センター編著
有本昌弘監訳 多々納誠子、小熊利江訳
●4500円

グローバル化と言語能力 自己と他者、そして世界をどうみるか
OECD教育研究革新センター編著
徳永優子、稲田智子、来田誠一郎、定延由紀、西村美由起、矢倉美登里訳
本名信行監訳
●6800円

メタ認知の教育学 生きる力を育む創造的数学力
OECD教育研究革新センター編著
篠原真子、篠原康正、袰岩晶訳
●3600円

学習の本質 研究の活用から実践へ
OECD教育研究革新センター編著
立田慶裕、平沢安政監訳 佐藤智子ほか訳
●4600円

多様性を拓く教師教育 多文化時代の各国の取り組み
OECD教育研究革新センター編著 斎藤里美監訳
●4500円

脳からみた学習 新しい学習科学の誕生
OECD教育研究革新センター編著
小泉英明監修 小山麻紀、徳永優子訳
●4800円

知識の創造・普及・活用 学習社会のナレッジマネジメント
OECD教育研究革新センター編著 立田慶裕監訳
●5600円

キー・コンピテンシー 国際標準の学力をめざして
ドミニク・S・ライチェン、ローラ・H・サルガニク編著 立田慶裕監訳
●3800円

形成的アセスメントと学力 人格形成のための対話型学習をめざして
OECD教育研究革新センター編著
有本昌弘監訳 小田勝己、小田玲子、多々納誠子訳
●3800円

スクールリーダーシップ 教職改革のための政策と実践
OECD編著 有本昌弘監訳 多々納誠子、小熊利江訳
●3800円

教育と健康・社会的関与 学習の社会的成果を検証する
OECD教育研究革新センター編著 矢野裕俊監訳
山形伸二、佐藤智子、荻野亮吾、立田慶祐訳
●3800円

学習の社会的成果 健康、市民・社会的関与と社会関係資本
NPO法人教育テスト研究センター(CRET)監訳
坂巻弘之ほか訳 籾井圭子訳
●3600円

学習成果の認証と評価 働くための知識・スキル・能力の可視化
OECD編著 山形大学教育企画室監訳 松田岳士訳
●2800円

創造的地域づくりと文化 経済成長と社会的結束のための文化活動
経済協力開発機構(OECD)編著 寺尾仁訳
●4500円

〈価格は本体価格です〉

子どもの貧困と公教育 義務教育無償化・教育機会の平等に向けて
中村文夫
●2800円

「保育プロセスの質」評価スケール 乳幼児期の「ともに考え、深めつづけること」と「情緒的な安定・安心」を捉えるために
イラム・シラージ、デニス・キングストン、エドワード・メルウィッシュ著
秋田喜代美、淀川裕美訳
●2300円

反転授業が変える教育の未来 生徒の主体性を引き出す授業への取り組み
反転授業研究会編　中西洋介、芝池宗克著
●2000円

21世紀型スキルとは何か コンピテンシーに基づく教育改革の国際比較
松尾知明
●2800円

21世紀型スキルと諸外国の教育実践 求められる新しい能力育成
田中義隆
●3800円

キー・コンピテンシーの実践 学び続ける教師のために
立田慶裕
●3000円

ESDコンピテンシー 学校の質的向上と形成能力の育成のための指導指針
トランスファー21編
由井義通、卜部匡司監訳
高雄綾子、岩村拓哉、川田力、小西美紀訳
●1800円

未来をつくる教育ESD 持続可能な多文化社会をめざして
五島敦子、関口知子編著
●2000円

ユネスコスクール 地球市民教育の理念と実践
小林亮
●2400円

まんがで学ぶ開発教育 世界と地球の困った現実 飢餓・貧困・環境破壊
日本国際飢餓対策機構編　みなみななみまんが
●1200円

シミュレーション教材「ひょうたん島問題」 多文化共生社会ニッポンの学習課題
藤原孝章
●1800円

身近なことから世界と私を考える授業 100円ショップ・コンビニ・牛肉・野宿問題
開発教育研究会編著
●1500円

身近なことから世界と私を考える授業II オキナワ・多みんぞくニホン・核と温暖化
開発教育研究会編著
●1600円

外国人児童生徒のための社会科教育 文化と文化の間を能動的に生きる子どもを授業で育てるために
南浦涼介
●4800円

多文化共生のためのテキストブック
松尾知明
●2400円

国際理解教育ハンドブック グローバル・シティズンシップを育む
日本国際理解教育学会編著
●2600円

〈価格は本体価格です〉